Antonio Buero Vallejo:
Tres maestros ante el público
(Valle-Inclán, Velázquez, Lorca)

El Libro de Bolsillo
Alianza Editorial
Madrid

© Antonio Buero Vallejo
© Alianza Editorial, S. A., Madrid, 1973
   Calle Milán, 38; ☎ 200 0045
   ISBN 84-206-1442-4
   Depósito legal: M. 4.038-1973
   Papel fabricado por Torras Hostench, S. A.
   Impreso en A. G. Ibarra, S. A. Matilde Hernández, 31. Madrid
   Printed in Spain

Cerca de veinticinco años de actividad teatral me han hecho incurrir forzosamente en conferencias, artículos y ensayos. Y aunque nunca abundé en tales menesteres habría podido formar hace tiempo, como es uso en el gremio literario, uno o más libros de miscelánea. Más de una vez me lo propusieron; lo eludí siempre. El presente volumen es el primero mío de ese género y, antes que una compilación, es una criba: sólo tres ensayos. Otros trabajos dispersos continuarán a la espera de mejor ocasión, si algún día me animo a dársela.

Veinticinco van a ser mis años de teatro, pero voy para los cincuenta y seis de edad. Estos, y no aquéllos, he necesitado en realidad para resolverme a publicar un flaco tomito de aire teórico. Parvedad y demora tales requieren, quizá, una explicación.

No faltará quien se atenga a la más sencilla: puedo ser autor de teatro —un precario autor, con sólo dieciocho estrenos en bastantes más temporadas—, pero no, exactamente, un escritor. A quien así lo sospeche podría asegurarle que yo me lo pregunto cada día. La respuesta con que me gratifico de vez en cuando es, sin embargo, afirmativa, pues sé que el escritor se realiza de muchas maneras y que no siempre es la mía la más dudosa. Pero sí la más atormentada o la más perezosa, y algo padezco yo de ambas miserias.

Para quienes me conceden su estima no son deficiencias, sino méritos que se formulan como un lugar común: el del sacrificio de la cantidad en bien de la calidad. Pero este libro va contra el lugar común y también su proemio debe rebatirlo. Escrupuloso e inseguro lo soy de sobra: mis castigados manuscritos, rehechos una y otra vez —como el presente texto—, mi perplejidad ante las cuartillas que me aguardan, me vedan toda esperanza de cantidad. Mas tampoco me consienten la ilusión de una sostenida calidad ni la de enunciar, siquiera, un pensamiento correcto: he estrenado malas comedias y publicado artículos o comentarios que hoy me sonrojan. Antes que a un afán de perfección —el cual, desde luego, también me aqueja—, lo escaso de mi labor puede deberse a lo que yo llamaría la neurosis del hombre de letras. Si por ventura no es eliminado, cualquier párrafo escrito ha de ser reformado y vuelto a reformar; nada raro es, en este maniático forcejeo entre las ideas y el lenguaje, que la ver-

sión definitiva regrese en parte a borradores des- echados. Y es que, al dubitativo modo machadia- no, «nunca estoy más cerca de pensar una cosa que cuando he escrito la contraria».

Dícese que todo escritor sufre esa neurosis; nunca he logrado saberlo con seguridad. El lite- rato prolífico sería entonces aquel cuyo entusias- mo expresivo no la vence, pero la desborda. Mas yo apenas conozco tal entusiasmo, y ello contri- buye asimismo, no hay duda, a que no me haya decidido durante tantos años a reunir en libro un poco de lo poco que escribí. Cuando me lo pro- pusieron por primera vez pensé que, si recogía todo o casi todo lo publicado, habría de titularlo «Viejas y nuevas palabras», pues cada uno de los antiguos trabajos me obligaría a una glosa autocrí- tica. El tiempo ha transcurrido sin decidirme a la empresa recopiladora, que acaso nunca lleve a cabo: es como si tachase, en vez de corregir.

Pero no sólo tacharía muchas de las páginas que escribí, sino también frases y fragmentos de mis dramas, y hasta dramas enteros. Si la esencia de la música es un comentario del silencio mediante los sonidos que lo contradicen, a la literatura le pasa otro tanto con las palabras, que, cuanto más auténticas, menos solapan su honda intención de enmudecer y dar paso a una más directa aprehen- sión de la realidad. El teatro suele resolver esa tensión con sus «silencios» o, aún más finamente, con el subtexto inefable que esconden y revelan a un tiempo las palabras expresas. Y, como el poe- ta o el novelista, el dramaturgo tiene vocación de

*silencioso incluso cuando es palabrero. Tal es la
contradicción viva de todo quehacer literario que
se acometa con honradez. Mas el lenguaje es mo-
neda de cara y cruz. Insuficiente y falaz, por un
lado; supremo logro de la razón y la poesía, por
el otro. Denostarlo es fácil; prescindir de él, imposible. Habrá literatura mientras los hombres
hablen entre sí. «Words, words, words», escribió
Shakespeare, con desprecio o con perplejidad. Lo
dijo, empero, mediante palabras a las que también
alcanzaba la suspicacia o el desdén, y configuró
así la aporía de toda literatura, que la actual crisis
de la cultura repite y exacerba a través de incesan-
tes acumulaciones de palabras empeñadas en reve-
larnos, cada día, la vacuidad del lenguaje. Shakespeare, autor de teatro, era un creador audiovi-
sual: sabía que el ademán y el tono de Hamlet
deberían completar —contradecir acaso— el sentido —igualmente oscuro— de aquellas tres «palabras». Pero las escribió, y no ignoraba que, de
no haberlas escrito, el gesto hamletiano las evoca-
ría en la mente de muchos espectadores.*

*Aspirar a la elaboración de grandes textos dra-
máticos termina por llevarnos a la puesta en cuestión del texto mismo. Mas, si esta suspicacia no
nos conduce a voluntario y definitivo silencio, nos
forzará a pergeñar nuevos textos. Comprendo
muy bien que el teatro quiera, entre otras vías
purgativas, desembocar en la de la pantomima.
Guardémonos, sin embargo, de entenderla como
una prueba de la supuesta caducidad del texto
dramático y de lo justo que es —según reciente*

boga— *desdeñarlo. Un auténtico texto teatral
nunca niega los aspectos no textuales del espectáculo, pues se negaría a sí mismo. Y su autor es
el primero en sugerir —como experimentado
hombre de teatro que suele ser— cortes en el diálogo y adecuadas fórmulas de escenificación. Pero
ni siquiera cuando la escena alcanza máxima puri-
ficación en su camino hacia el silencio queda rele-
gado el texto, cuya redacción sigue siendo insos-
layable. Así como* Esperando a Godot *no es
antiteatro, sino teatro claramente apoyado en re-
cursos de probada solera escénica,* Acto sin palabras *no propone ninguna destrucción textual,
pues es admirable texto dramático cuya mudez se
expresa mediante las palabras de una larga y lo-
gradísima acotación. Quiero decir con todo ello
que, si he escrito poco, no ha sido por despreciar
las palabras que no llegué a usar, sino más bien
por respetarlas demasiado.*

*Permítaseme ahora, no obstante, prolongar
esta mínima selección de ensayos y caer así en el
garlito de ampliarla; pues he de aclarar por qué
los he reunido y mal podré, al hacerlo, dejar de
añadir algunas divagaciones complementarias.*

*La invitación a reeditar el tercer trabajo ha
motivado el presente libro. «García Lorca ante el
Esperpento» fue el discurso que leí en mi recepción académica y había sido impreso, como es cos-
tumbre, para repartirlo al final del acto: una breve
tirada de mil ejemplares, que incluían el bello y
generoso discurso de contestación con que me
honró Pedro Laín Entralgo. Desde entonces hasta*

hoy el agotado folleto ha sido solicitado por numerosas personas a las que las páginas de Laín interesaban, sin duda, tanto por lo menos como las mías, y la posibilidad de una reedición conjunta de ambos discursos fue pronto considerada. Pero esto no parece haberse hecho nunca en tales casos; aquel librito quedará, pues, como curiosidad bibliográfica, al modo de anteriores folletos editados en ocasiones similares, y el discurso de Laín Entralgo —ejemplo, como suyo, de amistad y de humanidad— encontrará tal vez un día mejor cobijo en alguno de sus propios libros.

Mientras cavilaba en estas posibilidades de reedición, José Ortega Spottorno y la Alianza Editorial me sugirieron un tomo que reuniese mi discurso con su claro antecedente: el trabajo que publiqué años atrás acerca de Valle-Inclán. La propuesta venía de las mismas personas que, con el más amistoso desprendimiento, me habían editado el folleto académico, y la acepté con renovada gratitud, indicando a mi vez la conveniencia de agregar el estudio de Las Meninas, también publicado con anterioridad, como el dedicado a Valle, en la Revista de Occidente.

Al reimprimirlos, mantengo el orden en que los saqué a luz. Parcialmente expuesto en algunas conferencias que di en Universidades norteamericanas durante el mismo año, apareció el primero en el número de la Revista conmemorativo del centenario de Valle-Inclán (números 44 y 45, noviembre-diciembre de 1966); el segundo se publicó en el número 92, correspondiente a noviem-

bre de 1970, y leí el tercero, ante la Academia, el 21 de mayo de 1972. Se reproducen aquí sin otras variantes que la corrección de algunas erratas y ese levísimo pulimento —la sustitución de unas pocas palabras, el añadido de alguna escueta precisión— a que nunca sabe uno substraerse.

La relativa disparidad entre el segundo ensayo y los otros dos es más bien aparente. Poderosos luminares de nuestra cultura son los tres creadores que en ellos se estudian; la oposición razonada a ciertos vigorosos tópicos caracteriza a los tres trabajos, y en sus temas, de permanente meditación para mí, percibo radicales conexiones que el lector no dejará de notar en las preocupaciones personales que, con inevitable reiteración, transitan del uno al otro.

Algo remotamente parecido a la veraz mirada velazqueña (la mirada «en pie»), es lo que en el libro entero se intenta practicar, tanto de cara a las incógnitas de nuestro gran pintor como ante nuestros dos admirables escritores. Mirada, por difícil, propicia a errores en que seguramente habré caído y que me habrán granjeado el desvío de quienes los advirtieran. Pero, sean acertados o fallidos estos ensayos, el propósito de navegar a contracorriente que los anima será, supongo, lo que habrá suscitado o promueva mayor resistencia a aprobarlos. No me han faltado indicios de la desestima de lo que en ellos dije, o, a lo menos, de haber pasado inadvertido; percance éste muy normal cuando de publicaciones en revistas se trata. Algunas de las más radicales proclamas a

*favor del tópico supraesperpéntico que en las si-
guientes páginas se rebate son posteriores a la primera aparición de éstas y, en cierto modo, se pre-
veían ya en mi texto. A causa de la mayor resonancia del acto en que lo di a conocer, la prensa
concedió amplio y cordial comentario a mi examen
del teatro lorquiano; pero es tan grande la inercia
del tópico que atribuye al poeta granadino condi-
ciones de dramaturgo sólo incipientes y cercenadas
por su prematura muerte, que unas pocas reseñas
del acto entre las aparecidas en provincias —re-
dactadas con evidente buena fe— dieron como
míos tales asertos en lugar de los contrarios que
pronuncié realmente; hasta tal punto les debió de
parecer imposible a algunos informadores oír lo
que en verdad oyeron. En cuanto a «Las Meninas», el fundamento de mi trabajo es la demostración de que lo reflejado en su pintado espejo es
el haz del lienzo cuya cara posterior aparece en el
cuadro velazqueño: prueba objetiva y deducida
de un trazado de perspectiva que cualquiera puede repetir —cualquiera que sepa algo de perspectiva, es claro—. El razonamiento es irrefutable,
pero otro arraigado lugar común impide que se
acepte con facilidad. He recibido claros asentimien-
tos, mas también significativas reservas y silencios, que atribuyo en parte a que, sin apoyos gráficos, mi descripción de la prueba resulta un tanto
farragosa. Quizá debí añadirle un dibujo; no lo
hice, ni lo hago ahora, pues ya otros lo han publicado y tampoco parecen recibir, hoy por hoy, mejor crédito. Un trazado concluyente al respecto*

*podía encontrarse en el artículo que el arquitecto
Moya publicó en 1961; con posterioridad al mío
pueden hallarse asimismo gráficos esclarecedores
del problema en «Los tres personajes invisibles de
'Las Meninas'»* (Mayurqa, *número 8, Palma de
Mallorca, 1972) y en «'Las Meninas' como mito
de Pigmalión»* (Traza y Baza, *número 1, Palma de
Mallorca, 1972): dos interesantes opúsculos del
doctor Mestre Fiol. «Ya somos tres» —me ha
dicho, afectuosamente, el doctor Mestre. Estoy
seguro de que somos más; pero, hasta hoy, no
parece que muchos más. No es cuestión, sin embargo, secundaria, sino fundamental en la estructura de* Las Meninas, *y afecta a la raíz de los
significados del cuadro; terreno éste más proclive
a la especulación, donde «los tres» que Mestre
dice que somos diferimos ya en algún grado y que
debiera concitar en el futuro la atención de otros
estudiosos. Sin ignorar la inercia de los tópicos,
esperemos que así suceda.*

*Lo que, antes que otra cosa, se esboza en el
fondo del presente libro y a través de la heteroge-
neidad de sus asuntos, es un homogéneo concepto
de lo trágico, del que he escrito otras veces y que
acaso obtiene síntesis algo más apretada en el discurso dedicado a Lorca. Para rastrearlo, nada me
estorbó a mí Velázquez, sino que me ayudó hondamente; pues, bajo la serenidad de su dicción
plástica, siempre me pareció que latía el corazón
más trágico de toda la pintura. Y su cuadro de*
Las Meninas *puede, además, decirnos mucho
respecto al candente problema, que en seguida co-*

mentaré, de la relación del público con el espectáculo teatral.

Como autor dramático, el género trágico me ha
causado incesante interés y, en las evoluciones del
teatro de nuestro tiempo, no hallo motivos que
acrediten un descenso de su vigencia, pese a las
cambiantes fórmulas de «superación» de la tragedia que se nos han venido brindando. Y, por supuesto, la noción de lo trágico por mí defendida
choca a su vez contra pétreos lugares comunes que
la niegan. No es, empero, absurda, y creo que ni
siquiera personal: en aserciones deslizadas aquí o
allá por significados dramaturgos —O'Neill, por
ejemplo, o Arthur Miller— me ha parecido encontrar puntos de vista semejantes. Pero como la
opinión general va por muy otros caminos, no
dudo de que también se seguirán considerando
harto discutibles las graves razones que instan a
reconocer en lo trágico una concepción abierta
—bajo imágenes abiertas o bien cerradas, que en
eso sí caben las mayores variantes— del hombre
y de su futuro. Concepción abierta del futuro humano y del de la tragedia misma como género;
pues, frente a criterios no menos difundidos, creo
que la visión trágica —según yo la entiendo— y
sus realizaciones escénicas tendrán larga vida, o,
lo que es igual, florecientes despertares tras sus
muertes supuestas.

El teatro didáctico, el de sátira social, la exacerbación de lo esperpéntico, han pretendido superar la tragedia. Y en los últimos años una corriente dionisíaca, propulsora del retorno a la

autenticidad natural puesta por gran parte de la juventud rebelde en sus estandartes, descubre en la «participación» del público el mejor remedio de las anquilosis teatrales, incluidas las del género trágico. En 1970, en una conferencia que pronuncié en Las Palmas ante el XXVII Congreso de Sociedades de Autores —y en otra, aún anterior, dada en el Simposio de Teatro Español organizado por la Universidad de Chapel Hill en 1969—, aventuré la idea de que estas formas de participación no andaban tan lejos de la tragedia antigua, pues intentaban cumplir función análoga a una de las que desempeñó el coro helénico: si éste, entre otros significados, tenía el de servir de vicario a los espectadores, hoy se constituirían éstos en coro sin tal intermediario.

No voy a abordar aquí la discusión acerca de si el coro es ingrediente esencial —bajo las más variadas formas— de la tragedia o, por el contrario, factor prescindible; diré tan sólo que yo no lo creo de aparición obligada en toda obra trágica. Ahora bien, dejando aparte ese problema, ¿es un coro verdadero —más verdadero que el antiguo— el que los espectadores pueden configurar? Y, si no queremos llamarle coro, ¿debemos entender la participación de los espectadores como un adelanto *respecto del viejo coro griego?*

Si la palabra no estimulase la falsa idea de que condeno sin reservas tal participación, yo diría que significa un retroceso*: el regreso a la actitud anímica que dio origen, según se apunta en el ensayo final de este libro, al ditirambo y a las* *danzas orgiásticas generadoras del «drama de sátiros». El hecho no es de suyo negativo, pues muchas veces hay que retroceder para conseguir nuevos avances. Y creo lo más probable que esta vuelta a lo dionisíaco y a la codificación de sus ritos resulte, a la postre, benéfica para el teatro. Pero conviene tener, acerca de su sentido y de sus insuficiencias, ideas claras. La noción del coro como representante del público define* uno de sus aspectos y nos recuerda su remota génesis: *resueltos a actuar, fueron los embriagados vendimiadores de las campesinas fiestas báquicas quienes lo formaron. Mas, ya constituido, es justamente una de las misiones del coro la de que los espectadores* no intervengan. *El teatro griego llegó a esa fórmula feliz y es ella la que, después de primitivas «participaciones», representa un avance. Cuando Pirandello estrena, ya en nuestro siglo,* Ciascuno a suo modo, *su texto describe una intervención de espectadores que hace imposible concluir la representación.* Pero todo ello es fingido: *no es la realidad, sino su simulacro. Se trata de una actuación coral —esto es, a cargo de actores—, aunque parezca «ditirámbica», y en ella brilla la genialidad del autor siciliano, adelantado de la escena moderna hasta extremos aún no bien reconocidos. Sus hijos de la hora presente quisieran tornar verdadera esa intervención; creo evidente que Pirandello debió de sopesar ya esa alternativa para descartarla, como Velázquez descartara, en su cuadro de la madurez, la condición directa del reflejo especular que había intentado, al parecer, en su temprano* Cristo en casa de Marta.

No se piense que tomo posiciones ante una inesperada novedad, como autor mal dispuesto a aceptar estilos que lo rebasen. Hallar nuevas maneras de englobar al público en el espectáculo fue una de mis más tempranas preocupaciones y ha inquietado varias de mis obras. No voy a explicar de qué modo —ya otros lo han hecho—, pero sí quisiera traer a estas páginas el melancólico recuerdo de cierto proyecto que murió sin realizarse. Hace largos años —no menos de catorce; quizá más— sugerí al director de un teatro de cámara y ensayo la escenificación del citado drama pirandeliano, ofreciéndome a traducirlo. Me seducía la idea, que él aceptó, de acentuar el equívoco participador de la obra, no sólo llevando a cabo en los pasillos del teatro o en su patio de butacas los intermedios a cargo de un falso público que el texto coloca en el escenario, sino haciendo uso, en las octavillas que se deben repartir desde la calle y en los adecuados momentos posteriores, del auténtico nombre de la actriz española que tomase a su cargo el primer papel en lugar del nombre de «Amelia Moreno», supuesto modelo real de un personaje femenino de la obra a cuya representación asiste desde un palco y en la que acaba por intervenir para restablecer lo que ella cree ser la verdad de su vida. Dos consultas formuló el director antes de iniciar la realización del proyecto. La primera, a la notable actriz M. A., quien, dando una prueba más de su conciencia

*profesional, aceptó, con el papel, la utilización de
su nombre verdadero; la segunda, a quienes deberían autorizar el espectáculo... Consulta verbal
a la que se contestó con una cautelosa y rutinaria
negativa. Así falleció antes de nacer —como
otros— un experimento que a todos nos parecía
lleno de interés: llevada a sus límites la invención
dramática del gran autor italiano, pero sin alterar-
la, pretendíamos originar fuerte confusión, mas
no absoluta, entre ficción y realidad; al modo
como desde algunos lienzos cubistas, los pintores
incrustan a veces en sus obras trozos de objetos
reales —un recorte de periódico, por ejemplo—
sin sacrificar la unidad estética del cuadro. En
nada afecta a la historia de nuestro sufrido teatro
aquel remoto proyecto, pues la forman, como a
cualquiera otra historia, los hechos y no las intenciones. Pero, en mi pequeña «intrahistoria», la
anécdota que acabo de relatar no es insignificante,
y confío en que se me perdone el haberla rememo-
rado. Bastantes años después —y mucho más
tarde aún que cuando Pirandello publicara su
drama— comenzamos a oír hablar de la «participación», verdadera o simulada; sabrosa novedad
con que el teatro foráneo nos aleccionaba una vez
más... No: mal podría repudiarla si ya la había
esbozado, a mi manera, en la primera obra que
escribí. El énfasis con que sus actuales técnicas
procuran la actuación física de los espectadores
me hace sospechar, no obstante, una grave defi-
ciencia para la captación emotiva de éstos, enmas-*

*carada por el superficial dinamismo de sus accio-
nes y movimientos.*

*Clarinazo de llamada a la libre acción colectiva,
la participación física del público —auténtico o
fingido— invade el teatro del mundo y le invita
a nueva flexibilidad. Pero los espectáculos donde
más resueltamente se ha propuesto han probado
ya, creo, su incapacidad para resistir las sorpresas
de la espontaneidad y los fiascos de la inhibición.
Pirandello lo previó y simuló aquello que, permitido de veras, destruiría el espectáculo. Aparentó
la destrucción para edificar otra obra férreamente
construida. Hacen falta largos períodos de pensamiento, de trabajo, de calculadas premeditaciones,
para que una representación integre, sin desmoro-
narse, ciertas espontáneas intervenciones, y entonces ya no son éstas espontáneas, sino sabiamente
provocadas y dirigidas. Se acercan así a la norma
pirandeliana —la norma trágica—; no a la im-
provisada —o buscada— bacanal. Imitan la orgía
sin efectuarla. Al espectáculo que reclame constante y densa participación —es decir, al que desea ser suplantado por la desnuda realidad— po-
dremos, a lo más, registrarlo como curiosidad me-
morable; pero recordaremos, indefectiblemente,
que el espectáculo se hundió como tal; que no fue
un cosmos sino un caos.*

*Y esto, repárese, es lo que le pasó al teatro ro-
mano, cuya decadencia nos avisa de otra posible
significación, declinante, que las actuales tendencias participadoras acaso entrañen una vez que se
vulgaricen. Si el retorno a primigenias vivencias*

orgiásticas puede expresar el ansia de un renacimiento escénico, su voluntad de superar las false-
dades del teatro mediante la inclusión en su
ámbito de la realidad misma y no de su versión
artística se asemeja curiosamente a aquellos
desatinos de la hastiada sensibilidad latina, por
los que se llegó a verdaderas crucifixiones y muti-
laciones de personajes, sustituidos en el momento
oportuno por desdichados reos de delito común a
quienes se ataviaba con idéntico disfraz. Participación nada espontánea y de condenados, no de
espectadores; gemela, no obstante, de la de hoy,
por su inserción de la crudeza de lo real en el
espectáculo.

La intervención del público —esto es, de la realidad no elaborada— que en nuestro tiempo se
recomienda bien pudiera ser, entonces, un arma
de doble filo: movida por anhelos salutíferos en
lo tocante a su reafirmación de los impulsos naturales, pero indicadora de otra decadencia, señal
de un fin, más que de una restauración energética,
en cuanto a su decisión de eliminar la «mentira»
estética y sustituirla con hechos reales. Estos, y
más si el público los llegase a gestar con desatada
sinceridad, podrían generar violencias similares a
las romanas y su posterior fijación como ceremonias cruentas en espectáculos semiclandestinos; el
tan invocado «Teatro de la Crueldad» alcanzaría
así su paradójica plenitud. Melodramático augurio
—se dirá—. Muy cierto, y yo soy el primero en
dudar de su cumplimiento. Pero cosas más increí-
bles han hecho nuestros contemporáneos.

La inducción de sucesos reales parece haber causado ya —en representaciones del «Living Theater» y entre el público invitado por los actores a acompañarlos en la escena— coitos no simulados, según aconteció asimismo en determinadas escenificaciones mitológicas de la Roma imperial. Suceso no sádico, pero provocado por una atmósfera, tan turbia como la de aquel tiempo, que puede conducir a la ejecución de sadismos; desahogo vital que no discuto por razones morales, sino estéticas y psicológicas. Pues un teatro que sustituye la representación de la verdad por la presentación de su ejercicio directo cambia muy probablemente la liberación catártica que dice ansiar por las obsesiones psicopáticas que no se atrevería a defender. Y es que —según escribí ya en otra ocasión—, sin el contrapeso de Apolo, Dionisos no puede alcanzar su propia realidad.

Tarde o temprano, el caos tiene que volverse cosmos. Mas, para ello, menester es que la expansión caótica nunca prescinda del todo de ciertas instancias normativas. El estallido dionisíaco ha de dar nuevo paso a la armonía; el público volverá a dejar que el coro, incluso cuando finja ser público verdadero, hable, cante, baile o grite por él. Pues ningún público, así sea el más formado y comunitario, puede suplir con ventaja en breves instantes la lenta preparación y la cualificada labor de los artistas que de él nacieron para devolverle lúcidas expresiones escénicas. Y si el público —no el coro— toma parte en la representación sin disgregarla, no lo hará como tal público, sino por su *eventual conversión en coro bajo formas previstas: entonando himnos —como quizá ocurriera al comienzo de algunas representaciones helénicas—, salmodiando textos previamente establecidos —así acaece en las modernas misas—, o llevando a cabo diversas acciones promovidas por la estructura de la obra, tales como respuestas verbales, uso de artefactos, desplazamientos, carreras, bailes —según se ha podido ver en «Hair», el «Orlando furioso» de Ronconi y otros espectáculos. Lo cual bien podrá ser más constructivo que la abdicación ante un público que improvise lo que le dé la gana; pero también adolece, y acaso más que el teatro tradicional, de un no muy plausible paternalismo, oculto en el «generoso» permiso dado al público para que participe sin deteriorar la representación.*

Pero entonces —se dirá—, ya que un cierto grado de paternalismo es inevitable en todo teatro que no se disgregue ante el público, ¿por qué no aceptar esos coitos no simulados, que no rompen la unidad del espectáculo y confirman su sentido? ¿Y por qué rechazar —respondería yo— una tortura verdadera llevada a cabo en la escena, si refuerza el sentido de la obra? Aunque lo primero sea una exaltación de la vida y lo segundo de su destrucción, ambos actos desplazan el rito teatral hacia sus orígenes no teatrales, cuando el sacrificio cruento y el desenfreno sexual procuraban conjurar a las divinizadas fuerzas de la Naturaleza. El rito del teatro —y su eficacia— comienza cuando la verdad cede paso a la apariencia; cuando la

deificada víctima humana ya no es sacrificada
como un dios, o a ningún dios, ni compensado su
sacrificio con la fugaz sensación de perennidad
que la satisfacción de su sexo y de otros apetitos
pudiera darle. La exaltación del orgasmo y de la
sangre deberá ser ilusoria, no real; o verdadera, a
lo sumo —y no es que lo recomiende—, si corre
a cargo de animales presentes en la representación,
no de sus humanos protagonistas. La fascinación
que conserva la fiesta taurina, a pesar de las char-
lotadas para turistas en que tan a menudo se convierte, procede de que sigue siendo un espectáculo
pre-teatral que llama, con la verdad de su peligro
y de sus inmolaciones, a la puerta de nuestro fondo más arcaico. La importancia del espectáculo no
reside, sin embargo, en el acto sanguinario que en
él se practica, sino en sus ceremonias: en una ri-
tualización de la crueldad que envuelve la ilusión
de trascenderla. Y si un espectador «espontáneo»
osa participar en el rito (participación, se ha dicho,
igualmente programada en algún caso), la regla
es impedir ese escape del ceremonial hacia los pre-
visibles desenlaces funestos de la impericia; la excepción, que el inesperado «espontáneo» aporte
vivificante magisterio. Pensémoslo bien antes de
aprobar el retorno del teatro a su etapa pre-teatral; no troquemos sus imaginarias cópulas por
coitos efectivos, ni sus anilinas por auténticas he-
morragias. La mentira del teatro es su mayor verdad, y una de nuestras más grandes verdades: la
«paradoja del comediante» no ha periclitado.

Sin insistir en lo que la invitación a que el

público se vuelva colaborador activo pueda tener de renaciente, de decadente o de ambas cosas a la vez, es seguro que en ella alienta, además, un sano impulso revolucionario: el de reconocer y dar cauce a la capacidad creadora del pueblo. Es un acto de confianza, una humilde petición de ayuda al venero colectivo de donde toda creación perdurable mana; la imperativa consigna de realizar en cualquier terreno, y también en el del arte, la definitiva democracia. Tal es el más positivo fermento que encierran las actuales rupturas escénicas. Pues acaso arrasemos el planeta si no edificamos, desde hoy mismo, la sociedad planetaria donde todo ser humano sea creador. Pero el estímulo y liberación de la potencia inventora de todos los hombres no excluirá, por grande que llegue a ser su desarrollo, el advenimiento de talentos aún más excepcionales y la concienzuda preparación del hecho estético. Si mañana todos pudiésemos pintar con la genialidad de un Rembrandt o investigar tan egregiamente como un Einstein —es el más optimista sueño de la especie, pero hay sueños posibles—, sobrevendrían, y deberían sobrevenir como factores socio-biológicos de progreso, Super-Rembrandts y Super-Einsteins que acertasen dianas siempre más altas.

Abiertas las vías a la colaboración del público, sólo podría demostrarse mañana que fue beneficiosa si, lejos de eliminar, impulsara la aparición de nuevos autores, directores e intérpretes superiores al nivel medio. Mas esa posible ley del mañana es ya la del hoy. A no ser que prefiramos la extinción del teatro a su resurrección permanente, la general liberación humana a que aspiramos debe reconocer esa ley como ley actual, y no obstinarse, ni en la escena ni en ninguna otra actividad creadora, en volver a partir de cero. Creo, en consecuencia, que, si hay un porvenir para el arte dramático, lo que el movimiento participador del presente anuncia muy primordialmente no puede ser otra cosa, sino que la tragedia —con su riqueza de significaciones, su macerada elaboración de grandes textos, su apolínea mesura (que acaso podríamos llamar velazqueña), su dinámica exploración de formas, su renovada asunción de perfiles orgiásticos y esperpénticos— torna a ser una magna aventura preñada de futuro.

A. B. V.

Navacerrada, agosto de 1972.

De rodillas, en pie,
en el aire

Parece ocioso volver a preguntarse si Valle-Inclán fue un dramaturgo. Formulada ya cuando él vivía, la pregunta ha recibido diversas respuestas, pero la de nuestra época es inequívoca. Poner hoy en duda que don Ramón fuera un autor de teatro es correr el seguro riesgo de pasar por lerdo. Una respuesta rigurosa obliga, sin embargo, a ciertas precisiones. Requiere la condición de dramaturgo que, quien por tal se tenga, no escriba una sola línea sin tener presente su inserción en un texto que ha de convertirse en espectáculo repetible. Varias son las obras que Valle-Inclán escribió sin perder de vista sus posibilidades de representación y algunas de ellas fueron, en efecto, representadas sin grave dificultad. Mas escribió otras cuyas dificultades de representación son grandes y, en ocasiones, insalvables.

Al referirme a su difícil o imposible representación no aludo a la multiplicidad de escenarios y de personajes que tales obras muestran. Tampoco al primor, escasamente reproducible, pero siempre imitable, de las descripciones que en cada acotación nos regala el descomunal talento literario de su autor. En mejor o peor forma todo ello es susceptible de escenificación, y confiar en ciertas obras a la recitación de un relator parte de las acotaciones, como ya se ha hecho alguna vez, volvería más evidente el carácter de antecedente a un «teatro épico», en el sentido brechtiano, que unos cuantos venimos rastreando en los dramas de Valle-Inclán, confirmándose así por consiguiente su condición teatral. Las dificultades escénicas a que me refiero son más concretas: caballos que derriban al caballero y escapan al galope, o que saltan un cercado y pisotean a algún pobre diablo mientras el jinete rapta a una moza desde su montura; perros que acosan y muerden a una mujer o que, amaestrados, contestan diestramente a preguntas definidas; aldeanas violadas sobre el suelo de un molino o desnudas ante la multitud; infelices que se desploman desde un tejado, pero que se levantan maltrechos... A veces, la acotación revela que el diálogo de una escena cualquiera recién terminada prosigue entre los interlocutores e indica de qué tema hablan... Para todo esto se podrían encontrar quizá soluciones escénicas, pero ya no serían buenas; apoyadas en empobrecidas equivalencias, cuando no en retoques del diálogo o simples supresiones, traicionarían a la vigorosa realidad del texto original. Tales dificultades o imposibilidades de representación, que podrían resolverse en las versiones cinematográficas de las obras y hasta cierto punto —pero nunca bien del todo— en algún montaje excepcional realizado en espacio abierto, han de ser soslayadas o mal resueltas en una escenificación normal, y Valle-Inclán no podía ignorarlo. El destinó las obras donde las encontramos a su publicación directa, y sin pensar en su representación; íntimamente persuadido, por tanto, de que no eran teatro más que de un modo potencial y analógico. Por eso se permitió en ellas, como novelista, lo que no se habría permitido como autor. Y sin embargo, la evidencia que hoy tenemos de encontrarnos ante un gran dramaturgo no proviene tan solo de aquellas obras de Valle-Inclán fácilmente representables sino también, y aún más, de las otras. Es ésta una paradoja tristísima: significa que cuando Valle-Inclán alcanza el mayor desarrollo de su poder dramático ha de resignarse a no escribir para la escena española.

Las causas sociales de esta desconexión, funesta para nuestro teatro, han sido sobradamente comentadas y me dispensaré de recordarlas. Baste decir que contribuyen a configurar el duro proceso que la sociedad española merecía. En los años que corren nuestra sociedad, trabajada por el persistente alerta de las minorías intelectuales, inicia uno de los arrepentimientos —siempre tardíos— que reserva a veces para los grandes artistas injustamente preteridos; comienza a aceptar el teatro de don Ramón y a permitir la representación de algunas de sus obras. Reparemos, no obstante, en el carácter superficial de la rectificación: la aceptación tardía de un autor envuelve, más que el reconocimiento de su vigencia, la solapada esperanza de que la haya perdido y de que, inquietante ayer, se haya vuelto al fin tranquilo: «clásico». La sociedad declara gloria nacional al escritor incómodo de otrora, lo convierte en pacífico espectáculo de centenario, se prueba de este modo a sí misma la coartada y nos demuestra con ello, en suma, que ha cambiado muy poco.

Rectificaciones de tanto alcance no se llevan a cabo, sin embargo, impunemente, y esa es nuestra esperanza. Más viva de lo que se supone, la gloria nacional puede volver a ser incómoda. En rigor, nunca dejó de serlo, y al fervor por el teatro de Valle-Inclán que mostraron siempre los más lúcidos desde que su autor nos vivía —y que influyó de modo decisivo, por ejemplo, en la extraordinaria dramaturgia lorquiana— se ha sumado después el creciente entusiasmo de las promociones juveniles, que no se han cansado de proclamar en los últimos años la estricta actualidad de Valle y que ven concretamente en sus *Esperpentos* la más segura guía de un teatro crítico en el futuro inmediato.

Nos encontramos por ello, ante las actuales expectaciones en torno a la dramática de don Ramón, en la obligación de ver claro. Tendremos que acercarnos una vez más a ese singular conjunto de obras admirables para dilucidar hasta donde nos sea posible, aun a costa de contradecir en parte los más apasionados asertos, si la fecunda lección que nos daba se ha entendido bien; si su teoría y práctica del esperpento resultan, en efecto, tan ejemplares.

Como panacea de nuestro futuro renacer teatral el esperpento ha venido a convertirse, casi, en un lugar común; quizá, como todo lugar común, entrañe falacias y no solo verdades. La visión esperpéntica de la realidad se considera —y así sucede porque el propio Valle fue lo bastante explícito al respecto— como desmitificadora y, al tiempo, como el punto de vista genuinamente español que han sabido encontrar nuestros creadores más grandes. Ese punto de vista se sitúa en las alturas, pues solo desde ellas puede advertirse la risible pequeñez de la criatura humana y la endeblez de los mitos que se forja para creerse importante. El dramaturgo no debe mirar a los hombres como a iguales, sino como a diminutas marionetas que, creyéndose libres, encuéntranse sujetas a los hilos de sus condicionamientos sociales y a aquellos otros que mueve a su placer —único ser libre frente a sus muñecos— el escritor mismo.

Valle-Inclán habló de este problema en ciertas declaraciones recogidas por Martínez Sierra a las que los estudiosos de su obra suelen aludir [1]. Por entonces había publicado ya sus mejores esperpentos teatrales.

> Comenzaré por decirle —declara— que creo hay tres modos de ver el mundo, artística o estéticamente: de rodillas, en pie o levantado en el aire.

A continuación explica cómo el primer modo es el más antiguo y el que da a los personajes «una condición superior a la condición humana» o, al menos, «a la condición del narrador o del poeta». Y cita como ejemplo a Homero. Shakespeare, «todo Shakespeare», le sirve de ejemplo para el segundo modo de ver: aquel que contempla a los protagonistas

> ...como si fuesen ellos nosotros mismos, como si fuera el personaje un desdoblamiento de nuestro yo, con nuestras mismas virtudes y nuestros mismos defectos.

Y termina de comentar este segundo punto de vista —no lo olvidemos— diciendo que, así mirados, los personajes son «la máxima verdad». De la tercera mirada nos dice que es

> ...una manera muy española, manera de demiurgo, que no se cree en modo alguno hecho del mismo barro que sus muñecos. Quevedo tiene esta manera. Cervantes, también. A pesar de la grandeza de Don Quijote, Cervantes se cree más cabal y más cuerdo que él, y jamás se emociona con él.

No obstante el reconocimiento implícito de que la máxima verdad de los personajes no pertenece a ese español modo de ver, dentro del cual también cita a Goya, es el que él elige, dícenos. Y define a los protagonistas de sus esperpentos como «enanos y patizambos, que juegan una tragedia».

Sus palabras son terminantes. Parece asegurar que los dos primeros puntos de vista han sido de-

finitivamente abandonados por él, como ya lo
fueron por un Cervantes, un Quevedo o un Goya.
Y sus resueltas declaraciones no hacen sino reite-
rar de otro modo las no menos terminantes afirmaciones teóricas acerca del significado del esperpento y de su papel redentor del teatro español
que ya había expuesto en *Luces de Bohemia* y en
Los cuernos de Don Friolera.

Todo pensamiento que define, simplifica. Valle-
Inclán, teorizante, es menos complejo que las realidades artísticas propias o ajenas en las que sus-
tenta su teoría del esperpento, al modo como en
nuestros días Brecht —otro teorizante de fórmulas distanciadas y un tanto esperpénticas— resulta
más complejo en sus mejores obras que en sus
doctrinas. Es difícil admitir, por ejemplo, que
Valle-Inclán creyese realmente en aquella afirmación suya de que Cervantes «jamás» se emocionó
con Don Quijote «a pesar de su grandeza», pues
la grandeza que don Ramón percibe en el héroe
cervantino procede asimismo de la pluma de Cervantes. Y lo que don Ramón podía sentir realmente ante sus propios personajes esperpénticos
no tardaremos en verlo.

La crítica ha señalado los elementos prefigura-
dores del esperpento que se encuentran en la obra
temprana de Valle-Inclán; aquí y allá, su ironía
gallega había ya contemplado desde «el aire» ciertos personajes y situaciones. Se ha reparado menos en que la visión «en pie», e incluso «de rodillas», se desliza a veces entre sus caricaturas posteriores. Valle nos habla de los tres modos de ver

porque los conoce a fondo; el conjunto de su obra
los engloba y la crítica, bautizándolos en ocasiones
de otro modo, no ha dejado de observarlo. *Voces
de Gesta* se atendría, por ejemplo, a la visión antigua, y el aire shakespeariano de las *Comedias
Bárbaras* se ha advertido más de una vez. Valle-
Inclán repite en su evolución personal la de la literatura entera; pero, como en ésta, también en
la suya surgen recurrencias. Y es bueno que así
sea; de lo contrario, la riqueza de sus obras últimas habría sido pobreza, salvo por la asombrosa
plenitud creadora de su siempre extraordinario
lenguaje.

He escrito en otro lugar que «el esperpento de
Valle-Inclán es bueno porque no es absoluto».
Torrente Ballester ha observado sagazmente por
su parte, refiriéndose a *Luces de Bohemia* y a
Tirano Banderas, que en el espejo cóncavo de la
Calle del Gato, generador del esperpento,

> ...no cupo la figura doliente de una mujer, cuyo
> hijo, de pecho, ha muerto víctima del «jollín»;
> como la del indio Zacarías, la estampa de esta mu-
> jer innominada hace temblar la pluma irrespetuosa
> de Valle-Inclán, temblar de indignación y de
> ternura [2].

Yo ampliaría la nómina de personajes que, en
la galería esperpéntica de don Ramón, son de
pronto contemplados por él «en pie». Y no sólo
con ternura sino a punto, casi, de arrodillarse ante
ellos. La mirada de enorme entomólogo inclinado
sobre el bichito humano cambia de repente: el

personaje adquiere la estatura del escritor y hasta
la sobrepasa. El anarquista preso de *Luces de Bohemia* posee verdadera grandeza; la mujer con
el niño muerto en los brazos no solo infunde piedad, sino horror trágico: es otra Niobe. Pero el
albañil es, a su lado y en la misma escena, un personaje coral perfectamente humano contemplado
asimismo «en pie». Y «en pie» se muestra, en
este y otros momentos de la obra, el propio Max
Estrella. O su hija y su mujer, cuyo suicidio, del
cual nos enteramos por una leve alusión hecha
con arte de consumado autor teatral, nos estreme-
ce hasta el tuétano y nada tiene de esperpéntico.
En los esperpentos de Valle no sólo hay sarcasmo
ante una tropa de culpables y de imbéciles; hay
también compasión ante el inocente que sufre, o
ante quien fue inocente y ha dejado de serlo. Ortega incluyó al *Don Juan* de Zorrilla en la corriente esperpéntica de nuestra literatura; *Las galas
del Difunto* vendrían a ser por ello el curioso esperpento de otro esperpento. ¿Más desaforado todavía? Al contrario: quizá más humano. Pese a
su aire fantochesco, el drama de la «daifa» es real
y nos conmueve acaso más que la romántica des-
ventura de la virginal Doña Inés. El escritor no se
ríe de su criatura, ni la condena, cuando ella relata
el motivo de haberse prostituido:

> Se fue dejándome embarazada de cinco meses.
> Pasado un poco más de tiempo no pude tenerlo
> oculto y al descubrirse, mi padre me echó al ca-
> mino. Por donde también a mí me alcanza la
> guerra.

Tampoco se sitúa el escritor por encima de Juanito Ventolera cuando éste describe el esperpento de la guerra. La contienda es esperpéntica, mas no el personaje que la enjuicia. Y es que quien habla entonces es el propio autor: un hombre del 98. Las razones de la Sini en *La hija del Capitán* —otra inocente sacrificada que dejó de serlo— no están deformadas por ningún espejo cóncavo: son las tristes y lúcidas razones de un ser humano quejoso de que lo hayan perdido y que se presenta asimismo a nuestra altura. Y a su cargo corren las tremendas palabras que cierran el drama:

> ¡Don Joselito de mi vida, le rezaré por el alma! ¡Carajeta, si usted no la diña, la hubiera diñado la Madre Patria! ¡De risa me escacho!

¿Dónde está aquí el autor demiurgo? ¿Tras las palabras de la Sini? Pero la operación es la misma que en *Las galas del Difunto*: es el personaje el que comenta como un demiurgo la España fantochesca de los demás. El personaje no está entonces por debajo, sino a la altura del autor y del espectador.

Menos aún se podría invocar el monólogo inicial del teniente Astete en *Los cuernos de Don Friolera* como ejemplo de esperpento absoluto. Para serlo tendría que constreñirse a los momentos en que habla la segunda naturaleza —la militar, la obediente al tópico profesional— del personaje:

> Yo mataré como el primero. (...) ¡En el Cuerpo de Carabineros no hay maridos cabrones!

Pero el teniente habla también de sus cincuenta y tres años averiados, de que se reconoce un calzonazos, de que bastante tiene con su pena el ciudadano que ve deshecha su casa, de resolverse a no saber nada... Es un hombre auténtico —y digno de piedad— quien piensa en voz alta, comentando con justas razones la disparatada moral social que le atenaza. Esperpentizado por las circunstancias, en ese momento ya no es esperpéntico Don Friolera. Y no es casual que el autor se sirva de un monólogo para tan curiosa transmutación: el monólogo es el vehículo revelador por excelencia del hombre interior.

Pachequín en la misma obra, Don Latino en *Luces de Bohemia,* sí son esperpénticos. Ninguno de ellos reconocerá lo ridículo y postizo de los valores en que supone creer. Lo mismo sucede con tantos otros personajes, pero no con Max Estrella, ni con Don Friolera, ni con la Sini, o la «daifa», o Juanito Ventolera; inocentes todos ellos que dejaron de serlo. Tampoco, es claro, con los niños: los inocentes sacrificados que siempre pagan por la ceguera de los mayores. Ya en su hermosísima tragedia de *El Embrujado* Valle-Inclán nos conmueve —y se conmueve— con una de esas víctimas infantiles; hemos visto la segunda en *Luces de Bohemia,* y en *Los cuernos de Don Friolera* una tercera víctima vuelve a sobrecogernos. Creyendo matar a su mujer el teniente mata a su hija; esa niña que, pese a su aspecto de «moña de feria», da al esperpento el contrapunto doloroso que lo humaniza.

Por estos y otros perfiles, que nos descubren la verdad del hombre recóndito situado a nuestra misma altura o por encima de nosotros, consigue Valle que sus esperpentos no se queden reducidos a farsas ligeras y que culminen en verdaderas tragicomedias. Que sean, por tanto, si nos atenemos a su último sentido, versiones trágicas de la realidad. Menos alejadas de Shakespeare —esa «máxima verdad» que tampoco prescinde a veces de la bufonada— de lo que suponíamos. O, si se quiere un ejemplo más próximo de la visión «en pie», de Ibsen. Quizá hay más parentesco del que en principio admitiríamos entre *Los cuernos de Don Friolera* y, por ejemplo, *El pato silvestre.* También en esta obra encontramos personajes a medio camino entre el patetismo y la ridiculez: el fotógrafo Hialmar, su padre, Molvig... Y sacrificada torpemente por ellos, la niña cuya muerte eleva al plano trágico todo ese mundo alucinado y sórdido. Si en el trágico Ibsen hallamos a menudo esbozos esperpénticos, en el esperpéntico Valle-Inclán rara vez falta el soplo trágico. En *Divinas Palabras,* tragicomedia considerada de hecho, y con razón, como otro esperpento, hay, a la vez, otra tragedia. Acaso no se hayan estudiado todavía con la detención necesaria sus extrañísimas escenas finales. Dícese que son irónicas; que el «milagro del latín» entraña una burla de la ignorancia campesina y del mito religioso. Y es cierto. Pero son escenas ambivalentes que también significan —por milagro del arte— todo lo con-

trario. Que los aldeanos obedezcan cuando no en-
tienden no es un hecho enteramente negativo: la
intuición y la emoción son, en ciertos casos, fuen-
tes de lucidez más que de error. Una moral más
sana y más moderna —por más antigua— derrota
en esta obra a la moral calderoniana; la salvación
física de la adúltera se logra porque los campesi-
nos, de pronto, intuyen. Mas para ello necesitan
del «milagro del latín»; es decir, de una emoción
solemne. Pedro Gailo ha comprendido antes, arro-
llado por otra emoción terrible: ha querido matar-
se y salva la vida. Entonces perdona. Y Mari Gaila, al modo de otro Orestes perseguido por las
Furias que llegase al Santuario de Apolo, quizá
empieza a entrever valores humanos superiores a
los de la carnal fatalidad que la domina aunque,
para intuirlos, solo disponga de esa religión de
sus mayores que, en su original pureza, absuelve
a la carne después de condenarla. Entonces «la
enorme cabeza del idiota, coronada de camelias,
se le aparece como una cabeza de ángel». ¿Se trata
de otra burla del autor? Solo en parte. A la ironía
distante que también encierra, únese un senti-
mientos infinitamente solidario: Mari Gaila ve, y
el autor con ella, lo que tiene de sagrada toda
criatura humana. La mirada última que Valle lanza
al cadáver del bufón y al resto de los protagonistas esperpénticos ya no es «goyesca», sino velazqueña. La tragicomedia termina con una verdadera catarsis.

Para que la sorna se detenga cuando debe ha-

cerlo; para que cuidemos de no pisotear lo que
debe ser respetado, Valle-Inclán insulta a Don Latino por boca de Max Estrella. Modelo de espectador frívolo y de esperpento puro, Don Latino
desdeña el dolor de la madre a cuyo hijo han ase-
sinado, alardeando de esa superioridad demiúrgica
que el propio autor recomienda:

> Don Latino: —Hay mucho de teatro.
> Max: — ¡Imbécil!

No solo es éste el ejemplo más concluyente de
las fronteras que el esperpento como género debe
abstenerse de trasponer en la práctica; es, a la vez,
la más acerba crítica que Valle-Inclán ha podido
hacer a la teoría que él mismo ha forjado. Quién
sabe si, de haberse escrito hoy, este y otros
momentos fundamentales de la dramática valle-
inclanesca se habrían salvado del tópico de
«ternuristas» puesto en abusiva circulación por la
pedantería al uso. Pero el hecho es evidente: en el
frondoso *Martes de Carnaval* que viene a ser el
conjunto de esperpentos de Valle, las máscaras
deformadoras caen a menudo y descubren rostros
de hermanos nuestros que lloran. Los esperpentos
de don Ramón son buenos —repitámoslo—
porque no son absolutos.

Podría aducirse que una correcta definición del
esperpento ha de abarcar esos matices y que no
hay esperpentos absolutos. Tal vez sea cierto, pero
la teoría del esperpento creada por el propio Valle-
Inclán dice otra cosa. Dice, ya se sabe, que la

visión desde «el aire» es desdeñosa; que el autor —como, según él, le sucede a Cervantes— «jamás» se emociona con sus personajes; que el esperpento debe ser «una superación del dolor y de la risa». Aclarar las inconsecuencias de esta teoría es, pues, conveniente; la propensión a tomarla al pie de la letra convertiría mañana no pocas tentativas escénicas en graves desaciertos.

¿Por qué obras tan ricas y matizadas como los esperpentos fueron definidas por su autor de forma tan rígida? El esquematismo inherente a todo teorizar no es la razón única. Hubo también, sin duda, razones sociales. Escritor rebelde, Valle-Inclán volcó en sus afirmaciones teóricas toda la exasperación que le causaba la visión crítica de una sociedad envilecida. Como teórico, quiso ser juez inconmovible y propuso el esperpento absoluto. Pero como artista fue juez comprensivo y, a veces, compasivo. Debemos comprender que no es forzoso incurrir en blanduras por serlo; que esos claroscuros de sus obras acrecen en realidad la fuerza crítica que encierran. Cuando Valle intenta escribir un esperpento absoluto, su poder deformante, falto de contrastes, se trivializa y el escritor, paradójicamente, no puede llamar esperpento a su obra. *La Reina castiza* intenta ser un esperpento absoluto: pura befa deshumanizada. Y se queda por ello en simple farsa. Buena, como cuanto escribió, pero obra menor y más cómica que hiriente, pese a la sobrevaloración que su carácter de sátira política ha venido suscitando.

Don Ramón fue escritor de grandes atisbos

teóricos, pero no fue un gran teórico. Cuando, en
Luces de Bohemia, discurre acerca de *Hamlet,* lo
hace desde sus conceptos acerca del esperpento *y
por ello se equivoca*:

> Con un filósofo tímido y una niña boba en fuer-
> za de inocencia ha realizado el prodigio de crear la
> más bella tragedia. Querido Rubén, Hamlet y Ofe-
> lia, en nuestra dramática española, serían dos tipos
> regocijados. ¡Un tímido y una niña boba! ¡Lo que
> hubieran hecho los gloriosos hermanos Quintero!

No nos engañemos: en el fondo está añorando
la vuelta a una verdadera tragedia, que solo él
sería capaz de escribir y no los Quintero, pues
vuelve a proclamar la supremacía shakespeariana.
Pero torna a deformar conceptualmente la relación
entre el creador y sus criaturas, como ya hizo
cuando afirmó la superioridad de Cervantes frente
a Don Quijote, no obstante la grandeza —insista-
mos: puesta por Cervantes— que reconoce en el
hidalgo manchego. También reconoce en *Hamlet,*
como en todo Shakespeare, la gran talla de sus
personajes, pero se obstina en deducir —¡de la
obra misma!— que los modelos serían deleznables. La verdad es que ni Hamlet ni Ofelia son lo
que él dice, pero don Ramón los esquematiza des-
preciativamente porque en él puede mucho, cuando pontifica, la obsesión demiúrgica. Y lo que
viene a insinuar de manera implícita es que, si
bien los Quintero los transformarían en tipos re-
gocijados, él los trocaría en esperpentos puros.
Podemos asegurar ya, creo, que no serían tan

puros. Según sucede en otras obras suyas, si Valle-Inclán hubiese acometido la tarea de reelaborar al modo esperpéntico la famosa tragedia, su piedad recatada y su nostalgia shakespeariana le habrían salvado de la desmesura.

Una sociedad hipócrita engendra escritores rebeldes. Es natural que en nuestro tiempo haya tantos y que entre ellos se encuentren quienes se inclinan de nuevo hacia el esperpento como fórmula literaria: el esperpento puro es la forma suprema del desdén. Y cuando decidimos ver a nuestros semejantes como a esperpentos, ya no cuesta mucho ejercer sobre ellos violencia. Pero esa displicente visión podría entrañar inconvenientes prácticos, pues los hombres —incluidos aquellos que sean nuestros adversarios— son hombres y no marionetas. Relacionarse con ellos como si lo fueran es ignorar su intrincada realidad y mirarlos desde «el aire» puede equivaler entonces a mirarlos desde «las nubes». Nuestra visión debe ser, hoy más que nunca, humanista, tanto si miramos al amigo como al adversario. El problema de los escritores jóvenes —no por jóvenes, sino porque son herederos de las tremendas experiencias de nuestra época— consiste en comprender, incluso desde la perspectiva revolucionaria, los límites de la violencia y del desdén. Solo teniéndolo en cuenta se podrán escribir esperpentos realmente buenos y realmente satíricos. Solo así —como algunos de don Ramón— podrán ser además realmente trágicos. Cervantes es realmente trágico. Y conmovedor. Goya no siempre es «goyesco»: en muchos de sus retratos y en el grupo de fantasmones que forman *La familia de Carlos IV* hay presencias dignas, expresiones que traslucen noble o dolorida humanidad que el satírico pincel ha respetado; y también, a imitación y semejanza de esa otra genial visión española que es *Las Meninas,* algún niño de ojos inocentes pintado con amor. Como reacción secular ante hinchadas retóricas y otras miserias los españoles propenden a «estar de vuelta» y a despreciar. Pero el gran escritor español vigila sus desprecios y reingresa en la risa y el dolor auténticos cuando se llama Rojas, Cervantes o Galdós. O Valle-Inclán.

Que, consciente de esa armonía de contrarios en que su obra entera reside, don Ramón creería muy en serio en la posibilidad de alcanzar plenitud trágica partiendo de lo cómico, y muy superficialmente por el contrario en su famosa «superación del dolor y de la risa» parece, por cuanto vamos viendo, lo más probable. En las declaraciones a que me he referido dijo que sus enanos y patizambos *juegan la tragedia;* no que jueguen a la tragedia. Su convicción de que la tragedia es también posible cuando los personajes son «enanos» había sido ya expresada en una acotación de *La Marquesa Rosalinda:*

> Trágico, a fuer de ser grotesco,
> sale Pierrot haciendo zumba.

En virtud de cuanto se ha dicho, el supuesto carácter desmitificador de los esperpentos debe ser también reconsiderado, pues envuelve uno de los problemas fundamentales de la creación artística. El sentido crítico y revolucionario de la obra de Valle recae, según la opinión corriente, en esa función desmitificadora, y a toda literatura crítica se le asigna hoy el mismo papel: destruir mitos —pues la palabra se emplea ya casi exclusivamente como sinónimo de mentira— y sustituirlos por la visión desmitificada —o sea verdadera— de lo real. Discutir tan próspero lugar común implica el riesgo de que cualquier apresurado simplificador le cuelgue a quien lo haga el sambenito de reaccionario. Peor para el simplificador; demostrará que no ha comprendido nada y que también él mira a las cosas desde las nubes.

Quede en buena hora para las ciencias y el pensamiento lógico la destrucción de mitos; en ese terreno el mito es siempre una mentira. Mas no siempre en el del arte, cuyo logro supremo es, exactamente, el del mito. El artista desmitifica; desmonta los mitos que han envejecido, que se han vuelto inanes o mentirosos. Pero para rehacerlos o sustituirlos por otros más válidos; para volver a mitificar. Se piensa erróneamente que todo mito enmascara lo real porque algunos de ellos cumplen esa función; se olvida los que cumplen la función contraria. El mito no es una mentira sino una condensación: un símbolo estético cuyo sentido puede ser, según se emplee, real o ilusorio. Se piensa sin rigor que el mito es serio o solemne y que embromarlo mediante el esperpento es, por consiguiente, desmitificar; se olvida que también hay mitos jocundos y sarcásticos. Pondré un ejemplo irrefutable, al que ya me he referido en otros lugares comentando el mismo problema: formidables realidades de nuestro tiempo han sido glosadas por un formidable y real *personaje mítico* —el esperpéntico Charlot— que el mundo entero acepta como tal. Los esperpentos de Valle-Inclán pueden ser, como el de Charlot, mitos jocundos y sarcásticos; empiezan a serlo ya —y ésa es su fuerza y su acierto— incluso para quienes están creando literariamente, sin advertir la trampa en que caen, el mito de la desmitificación.

Que don Ramón fue consciente de la doble función, desmitificadora y mitificante, del arte literario, no ofrece duda. En su teoría del esperpento los héroes clásicos vienen a pasearse por el callejón del Gato, pero son ellos quienes vienen y no sujetos cualesquiera. No se deforman en los cóncavos espejos para morir sino para alcanzar nueva vida. La atención de Valle-Inclán a los mitos tradicionales es constante; no solamente esperpentiza algunos de los más ilustres sino que apenas hay obra suya donde, aunque sea por modo burlesco, no se nombre a una gran figura o acción legendarias. En *Aguila de Blasón* el caballero don Juan Manuel llama a uno de sus vástagos «hijo de Edipo», y don Farruquiño llama «Euménide» a la Pichona. Podrían multiplicarse los ejemplos de este tipo, en los que ya actúa la tensión entre el mito y su caricatura que los esperpentos desarrollarán. Recuerda Guillermo de Torre en un libro reciente[3] cierta frase de Valle recogida por Alfonso Reyes que es muy significativa al respecto: «Solo las figuras cargadas de pasado están ricas de porvenir». Y en *La Marquesa Rosalinda* dijo también don Ramón:

> ¡Los versos nos vengan de Galia!
> ¡Las nieblas, del lado del Rhin!
> ¡La luz de los mitos, de Italia!

En efecto: como para otros grandes creadores literarios los mitos fueron, para él, luz.

Un mito luminoso y entrañable hay entre ellos, alrededor del cual merodean siempre plumas españolas —amén de no pocas extranjeras— y al que Valle dedica una pequeña obra maestra. Es el mito señero de Don Quijote, originado en la desmitificación esperpéntica de los libros de caballerías, que en él reviven. *La enamorada del Rey* se publica en uno de los grandes momentos de Valle-Inclán: en el mismo año dará también *Divinas Palabras, Luces de Bohemia* y *La Reina castiza*. Oscurecida por la fácil notoriedad de esta última farsa, *La enamorada del Rey* la supera a mi juicio claramente. Es otra farsa, donde también apuntan perfiles esperpénticos, finalmente redimidos en la perfección de su serena belleza. La crítica ha señalado sus numerosas reminiscencias cervantinas, pero es su sentido último el que la convierte en otro breve y encantador *Quijote,* con su ilusión y con su desengaño. Mari-Justina es la conmovedora «Doña Quijote» que Valle-Inclán recrea. No debió de creer mucho don Ra-

món en la frialdad de Cervantes ante su héroe
porque él, ante su heroína, se enternece:

> Mari-Justina, sobre tu alba frente
> la locura ideal de Don Quijote
> permíteme besar.

El rey, que es esperpéntico, ocultaba a un
hombre lleno de buen sentido: no olvidemos que
pertenece a la España ilustrada. Al final, quijoti-
zado él también y desengañado a la vez por el
desengaño de Mari-Justina, eleva al poder a
Maese Lotario. Observados desde «el aire», los
protagonistas son vistos a la postre en pie. Pero
ya lo habían sido fugazmente, aquí y allí, desde
el comienzo de la farsa. Lo humano vuelve en
ella por sus fueros; la locura de Mari-Justina no
es ridícula. Hay un momento en el que Valle
parece estar respondiendo indirectamente a aquel
lejano reproche que Ortega le hizo en 1904, cuando, refiriéndose a las «princesas rubias» y «ladro-
nes galantes» de que el escritor abusaba, le aconsejó que se dejara «de bernardinas» y escribiese
cosas más humanas. A Valle-Inclán se le quedaría
sin duda grabada la palabra y ahora, cuando ya
ha iniciado sus grandes vuelos, quizá responde al
filósofo por boca de Mari-Justina, en tácita aceptación de su censura. Maese Lotario incurre, si
bien con buena intención, en retórica y habla largamente de las nueve musas a quienes ha amado,
ganándose la humanísima y sencilla réplica de la

niña ventera, que también alude —nótese— a
«princesas»:

> ¡Nueve princesas que hermanas son!
> Tú me respondes con bernardinas
> cuando te muestro mi corazón.

También esta posible respuesta a Ortega es,
como otros aspectos de la obra de Valle, ambivalente. Se acepta la censura pero se mantiene para
las «bernardinas» un cierto carácter positivo. No
desaparecen; se corrigen por su combinación con
materiales más consistentes. El difícil y tenso
equilibrio entre la emoción y la burla se logra en
esta farsa con perfección pareja a la del modelo
que la inspira. Tras la desmitificación revive en
ella el mito. Cervantes nos ha enseñado a todos
de qué modo tales renacimientos son posibles:
los mitos renacen justamente porque la realidad
los vuelve a bautizar.

Atisbar en el teatro de Valle-Inclán lo que su
mirada demiúrgica tiene de humana y cómo los
mitos se reinsertan en sus esperpentos; someter
a crítica la interpretación esquemática del esperpento que él ofreció y que hoy goza de fugaz
boga son, a mi ver, si queremos que el magisterio
de este gran autor nos resulte de veras fecundo,
tareas insoslayables. Las presentes notas, cuya posible inexactitud acepto de antemano, pretenden
tan solo contribuir a promoverlas.

A lo largo de sus creaciones don Ramón del
Valle-Inclán parece haber pasado de unos a otros

puntos de vista para situarse al fin en el aire.
Pero cuando miró arrodillado, o en pie, sabía
erguirse, y desde el aire su mirada fue tan penetrante como si estuviese junto a los hombres que
observaba. Doy por seguro que en ello estriba la
grandeza de su obra.

El espejo de *Las Meninas*

A Enrique Lafuente Ferrari

I

Pintor enigmático; misterioso cuadro. Tópicos ya, pero muy ciertos, que invitan a incesante enfrentamiento con esa incógnita humana que es Velázquez y con el secreto de su más famosa tela. Acerquémonos una vez más, con afán de claridades, a la incógnita y al secreto.

Desde el espejo situado en el fondo de la sala nos contemplan las efigies de los reyes. Con su vago destello hipnótico, ese espejo y sus espectros han alucinado a todo contemplador y a casi todos los estudiosos. Felipe IV y Mariana de Austria —se piensa— estaban donde yo estoy; se repetían en el cristal lejano porque se hallaban frente a él, en este otro extremo de la galería, no

pintado, donde la magia del artista hace que yo
me encuentre; si alguna mujer me acompaña al
Prado, bien podrá ser que los dos juguemos a
fingir que somos nosotros, y no la real pareja,
quienes aparecemos en el reflejo y que es a nosotros a quienes Velázquez retrata en el haz invisible del gran lienzo en que trabaja.

Pero el asunto de ese gran lienzo —se ha dicho
muchas veces— es desconocido. Y si el pintor
no está retratando a los reyes, meros visitantes
revelados por el azogue lejano, ¿qué pinta? ¿Acaso esta misma escena de *Las Meninas,* reiterada
para su ejecución mediante industriosas disposi-
ciones de otros espejos que el cuadro no muestra? ¿Tal vez no pinta ningún cuadro identifi-
cable, ningún «Velázquez» perdido, y finge una
tarea nunca llevada a cabo? El bastidor, la tela
en él clavada, existieron: están, obviamente, co-
piados del natural. ¿Un doble retrato regio, no
catalogado y posteriormente troceado? ¿Algún
otro retrato? ¿*Las Meninas*? ¿Nada?

Se asegura que *Las Meninas* no lo aclara; que
el cuadro no ofrece prueba ni indicio que nos
lleve a resolver el problema. La afirmación de
Palomino [1], la presunción más lógica, nos inclinan
a creer que, en el cuadro invisible, Velázquez retrata a la pareja real. Pero es —se dice— una suposición indemostrable.

Estas cuestiones han sido profusamente abor-
dadas en la abundante bibliografía moderna dedicada al pintor sin que, hoy por hoy, se consi-
deren resueltas. No conozco, es claro, cuanto de

Velázquez se ha escrito en este siglo, más sí buena parte de los libros y trabajos más notables; en ninguno se da solución explícita a estos problemas, mientras la doble afirmación que acabo de recordar es, tácita o expresamente, aceptada por todos: el reflejo de los reyes en el espejo es directo, o sea, reflejo de sus personas como visitantes del obrador, y por consiguiente, aunque se admita la elevada probabilidad de que el gran cuadro cuyo revés vemos consista en un doble retrato regio, su asunto nos es desconocido y podría ser cualquiera de los arriba enumerados, incluido el de *Las Meninas* mismas. Los estudios velazqueños que no muestran clara conformidad con ambas afirmaciones son, a lo más, imprecisos, pero nunca contrarios a ellas; al menos yo no encuentro, en la bibliografía consultada, ninguna explícita y razonable oposición a ese doble aserto. Ninguna, salvo una excepción importante de la que pronto hablaré y que no ha obtenido la atención que merecía, puesto que hoy sigue privando la supuesta evidencia de ese reflejo directo del rey y la reina en el espejo y la hipotética indeterminación del cuadro que Velázquez pinta. Si en otras publicaciones que yo desconozca hubiere similares excepciones que añadir a la que cito, ruego a sus autores que perdonen mi ignorancia, siempre grande. Pero, de existir, tampoco han logrado anular la general aceptación del doble aserto que comento y confirmarán, por ello, la universal vigencia de que éste goza. Es un lugar común y en él se hallan todos: desde el modesto

o insigne glosador literario, pasando por el ensa-
yista de fuste, hasta el competente especialista.
Me dispensaré de citar nombres y obras al alcance de cualquiera, pues no me anima ninguna intención peyorativa. Mucho y bueno nos han re-
velado todos ellos de Velázquez y de sus obras
para que no comprendamos y respetemos la alucinación que les ha causado el hipnótico espejo
de *Las Meninas*. Bastantes de quienes la han sufrido son, sin disputa, cabezas intelectuales de
primer orden; esa alucinación no denota en ellos
pobreza mental, sino algo más recóndito, inherente al cuadro y a su autor, tan engañosos como
luminosos.

Para que se aprecie la difusión y persistencia
de las dos supuestas conclusiones generalmente
admitidas, me limitaré a citar tres ejemplos entre
el fárrago de los que, según he dicho, prefiero
omitir. El primero es el de Justi [2], quien dice,
en su monumental obra acerca de nuestro pintor:

> Vemos, en suma, a los personajes como en el
> patio de un teatro, desde el mismo punto de mira
> que el rey, que aparece, con la reina, en el espejo
> de la pared. Se había colocado enfrente de él para
> poder apreciar su actitud.

El segundo es el de los catálogos del Museo
del Prado. Afírmase en el primero de ellos, correspondiente a 1819, que el cuadro donde Velázquez
trabaja es el mismo cuadro de *Las Meninas* [3]. La
afirmación pasaría quizá de unos a otros catálogos, que yo no he visto, hasta que la mayor vero-

similitud de lo dicho por Palomino aconsejó modificar el texto. En el de 1920, que reproduce, supongo, el de catálogos anteriores que tampoco he consultado, se dice:

> (Velázquez) está ejecutando los dos retratos unidos de Felipe IV y su segunda mujer doña Mariana de Austria, personajes situados fuera del lienzo y reflejados en el espejo.

Como se ve, las hipótesis respecto al cuadro inidentificable se alternan sin que ninguna sea probada; pero el reflejo de los reyes en el espejo se considera siempre como directo. Y en catálogo tan relativamente moderno como el de 1952 nos encontramos con este ambiguo texto, que se mantiene hasta el catálogo de 1966, último publicado:

> Velázquez pintando un lienzo con los retratos de Felipe IV y Doña Mariana, que se reflejan en el espejo del fondo.

¿Se reflejan los reyes o los retratos? El plural parece aludir a las personas más que a las imágenes de un lienzo único; en todo caso, no se niega expresamente la más difundida opinión del reflejo directo y, por lo tanto, se la apoya de hecho. El tercer ejemplo, mucho más reciente, es, como el de Justi, extranjero. En *Les mots et les choses* [4], libro tan comentado últimamente, Michel Foucault dedica un largo ensayo inicial a *Las Meninas*. Léase con atención y se advertirá cómo animan a esas páginas las insistentes ideas de que el reflejo de los reyes en el espejo es directo y de que el cuadro vuelto del revés es incognoscible. Así, cuando dice:

> Le peintre est légèrement en retrait du tableau. (...) ... peut-être s'agit-il d'ajouter une dernière touche, mais il se peut aussi que le premier trait encore n'ait pas été posé.

Y cuando dice:

> (Le miroir) reflète rien, en effet, de ce qui se trouve dans le même espace que lui... (...) Le visage que réfléchit le miroir, c'est également celui qui le contemple...

Desoladora consecuencia: el estructuralista Foucault también desconoce la estructura de *Las Meninas,* como veremos cuando se den algunas precisiones geométricas, y se ha dejado atrapar asimismo por la alucinación especular.

Los anteriores ejemplos corroboran hasta qué punto es universal y duradera la creencia de que el espejo de *Las Meninas* refleja directamente a las personas de los reyes, o, dicho de otro modo, al espectador o espectadores del cuadro. Creencia difícil de combatir, pues refuerza el mito de la sensibilidad moderna de Velázquez; mito que yo también estimo justificado, pero por otras razones. Unir la sala pintada con el espectador real; cruzar, burlando el tiempo, las sonrisas de esos personajes que sabemos muertos con nuestra crispada mirada; comprender que nos podríamos reflejar en la luna del fondo: ¡qué hallazgos más atrevidos y actuales! Es la culminación del barroco y su salto hasta el siglo xx; la pintura más abierta del mundo. Estas cosas se han dicho.

Personalmente, creo que *Las Meninas* es el cuadro más abierto del mundo, y también uno de los más actuales, por permanente; indicaré después los motivos por los que así lo creo, entre los que no está ese supuesto enlace frontal y directo que la alucinación del espejo ha originado.

Hay que decirlo de una vez: la imagen de los reyes en el pálido cristal no es directa. Es la imagen del cuadro que Velázquez pinta. Afirmación incómoda, pues contradice el lugar común y, de momento, el mito; casi escandalosa, pues se opone asimismo a la intuición que, como simples espectadores, tenemos de que el espejo se halla frente por frente de nosotros. Pero es una afirmación demostrable. Y ha sido demostrada, al menos una vez.

Sin probarla, pues la sabía verdadera y la creía evidente, ya Palomino había escrito en 1724 [5]:

> Dio muestra de su claro ingenio Velázquez en descubrir lo que pintaba con ingeniosa traza, valiéndose de la cristalina luz de un espejo, que pintó en lo último de la galería, y frontero al cuadro, en el cual la reflexión, o repercusión nos representa a nuestros Católicos Reyes Felipe y María Ana.

Frontero al cuadro que pinta Velázquez, no al espectador. La «reflexión o repercusión» no es la de los reyes, sino la de la ignota cara de ese lienzo, según Palomino. En 1765 las opiniones de los

más doctos aún no se han extraviado: el pintor
Francisco Preciado de la Vega, en su *Carta a
Giambatista Ponfredi sobre la pintura española* [6],
dice con claridad:

> Hizo (Velázquez) en el muro un espejo sobre
> el cual se refleja el cuadro y allí se ven los retratos
> del Rey y de la Reina que estaba haciendo.

Tampoco piensa en probar lo que cree con-
sabido; los criterios profesionales y, probablemente, parte de los profanos, son inequívocos al
respecto durante un siglo largo, por lo menos,
desde la muerte de Velázquez. Pero la alucinación del espejo termina por vencer a la antigua
sabiduría y crea la especie del reflejo directo y el
cuadro desconocido, que llega, próspera, a nuestra época y sigue suscitando especulaciones erróneas y a veces pintorescas. Es menester, pues, demostrar su falsedad de manera concluyente.

La demostración inadvertida a que me he referido apareció en un trabajo del arquitecto Ramiro Moya publicado, en 1961, en una revista
profesional [7]. En él se diseña, en planta y alzado,
la galería pintada por Velázquez en el cuadro, a
fin de contestar a las siguientes preguntas: «¿Qué
cuadro está pintando Velázquez? ¿En qué punto
de la sala se encuentran los reyes? ¿Dónde se ha
colocado Velázquez para retratar la escena y auto-
rretratarse?» La restitución de perspectiva que
Moya incluye en su estudio es correcta (algunos
detalles discutibles no son esenciales y carecen
ahora de importancia), y aunque con ella busca

otras aclaraciones además de las que yo considero fundamentales, éstas quedan geométricamente resueltas. La restitución muestra cómo el reflejo del espejo procede de líneas que atraviesan el cuadro invisible; cómo, por consiguiente, éste no puede ser otro que el doble retrato de los reyes, a no ser que recurramos a hipótesis absurdas, como la posible existencia de otro doble retrato real situado entre el gran lienzo y el pintor, o la improbable presencia de los reyes en persona, ocultos en ese mismo sitio. Y que este misterioso lienzo no podía ser el mismo de *Las Meninas* queda también probado en el trabajo de Moya por otro razonamiento, deducido de la perspectiva, que le permite dar la altura aproximada del bastidor en cuestión, sensiblemente inferior a la de *Las Meninas*. Esta deducción matemática, a u n q u e aproximativa, también es concluyente; la diferencia entre ambas medidas es lo bastante grande como para descartar que el lienzo invisible sea imagen del usado para pintar *Las Meninas*. La aportación de Moya a la moderna bibliografía velazqueña es importante y así debiera reconocerse. No ha sucedido, y entiendo que, en parte, por culpa de su propio autor. Pues, pese a la objetividad de sus desarrollos geométricos, a la hora de sacar conclusiones se muestra tímido. «Se puede obtener —dice— una reconstrucción teórica de la escena representada, y de ella sacar consecuencias, si no terminantes, mucho más firmes que las especulaciones puramente literarias». El las obtiene, y algunas son terminantes. Pero no se decide a ase-

gurarlo, por prudencia científica o, tal vez, para
disculpar un supuesto «intrusismo» por el que se
excusa después. Y aún es mayor el daño que a sí
mismo se infiere: por alguno de los motivos antedichos, o acaso por el deleite de examinar las su-
posiciones más improbables, desdibuja las inobje-
tables verdades que se deducen del trazado cuando
condesciende a considerar como posible, si bien
poco probable, la hipótesis de que el cuadro invisible sea el de *Las Meninas,* describiendo la disposición de grandes espejos que permitiría aceptarla, no obstante los serios argumentos en contra
del menor tamaño de la tela en que pinta Velázquez y de la presencia en el espejo del fondo de
unas imágenes que sólo de esa tela pueden proce-
der. Condescendencia tal ablanda el rigor de sus
anteriores deducciones y es fatal ante el lector
distraído, quien saca la ilusoria impresión de una
inseguridad que extenderá, inevitablemente, a las
nada inseguras deducciones matemáticas que le
han brindado.

Con raciocinios algo diferentes de los de Moya,
pero igualmente apoyados en la perspectiva del
cuadro, explicaré ahora de qué modo es demostrable la aserción de que el reflejo de los reyes en el
espejo es el del cuadro invisible y cómo la hipótesis de que éste sea desconocido o quizá *Las Meninas* mismas es inaceptable. Pero conviene aclarar antes que un trazado exacto de la perspectiva
lineal del famoso lienzo es imposible. Por grande
y buena que sea la reproducción sobre la que tra-
bajemos —y lo mismo sucedería aunque pudiése-

mos trabajar sobre el original—, la «manera abre-
viada» del pintor envuelve en radical vaguedad
líneas y contornos. Cualquier línea que se quiera
determinar adolece de imprecisión en sus bordes
y en su grosor, imprecisión que en el cuadro original puede llegar a un centímetro o más, y en las
reproducciones, a décimas de milímetro. Tampoco
son despreciables las pequeñas inexactitudes que
el pincel cometiera al cubrir un esquema lineal
inicialmente riguroso; pues, por ejemplo, se tra-
ducen muy probablemente en la dificultad de fijar
el punto de vista exacto del cuadro y en otras in-
decisiones de menor alcance. El trazado super-
puesto al cuadro en el trabajo de Moya deja de
coincidir en muchos puntos con las líneas que
interpreta; consideraciones de proporcionalidad
relacionadas con el «número de oro» parecen ha-
berle llevado a estos leves desajustes, perjudican-
do así también al poder de convicción del estudio
entero. Pero otras incertidumbres de su trazado
son atribuibles a los obstáculos que el propio cuadro presenta. Así, por el encuentro de diversas
rectas de fuga, Moya sitúa el punto de vista de
la perspectiva en el centro de la zona iluminada
que vemos bajo el brazo del aposentador don José
Nieto; según su trazado, ese punto se halla prácticamente equidistante, en sentido vertical, del
brazo tendido del aposentador y del borde del
tramo, dividiendo horizontalmente en dos mitades aproximadamente iguales también, el hueco
luminoso a que me refiero. Lo que en perspectiva
se llama línea de horizonte aparece por consiguien-

te, en el dibujo de Moya, a una altura determinada
por el punto de vista hallado y pasa bajo el borde
inferior de la cuarta hilera de cuarterones de la
puerta del fondo, contadas desde arriba. Pues
bien: efectuando por mi cuenta el trazado elijo,
para hallar el punto de vista, el borde derecho de
los dos colgaderos (que determinan una recta de
fuga), las tres rectas de fuga más altas de la pared
derecha (las más seguras, por pertenecer a la estructura de la sala) y una quinta recta de fuga
determinada por el borde inferior de los cuadros
laterales más bajos. Cuidadosamente trazadas, estas cinco líneas deberán coincidir en el punto de
vista, y así sucede; pero su punto de convergen-
cia no es el que Moya encuentra. Está situado asimismo bajo el brazo de Nieto, mas no en la luz
sino en su negra ropilla, al borde y en el lugar
donde ésta forma un pliegue saliente. La línea
de horizonte que dicho punto da no pasa, pues, a
la misma altura que la del esquema de Moya sino
un poco más arriba, y atraviesa la cuarta hilera de
cuarterones por su tercio inferior. Creo en principio más exacta la que yo encuentro por una razón que el conocedor de la ciencia perspectiva
comprenderá de inmediato: porque, de todas las
hileras de cuarterones que vemos en esa puertecita, obligadamente convergentes hacia un lejano
punto de fuga situado en la misma línea de horizonte por estar la puerta abierta oblicuamente, la
única hilera cuyos dos bordes horizontales convergen en dirección opuesta —esto es, hacia abajo
y hacia arriba— es la cuarta, y la línea de horizon-

te habrá de pasar necesariamente, por ello, entre esos dos bordes y no podrá pasar por ningún otro punto, superior o inferior, de la puertecita. Pero esa precisión no anula otras imprecisiones del cuadro; pues si, sobre mi propio esquema, en el que las cinco rectas citadas coinciden en el punto de vista, trazo la sexta recta de fuga que, por ejemplo, describe el borde inferior de la hilera más alta de cuadros laterales, esta nueva recta ya no coincide con las otras en el punto de vista y pasa por un punto algo más cercano al codo de Nieto. Es el cuadro mismo el que nos ofrece la posibilidad de dos, o tal vez más, líneas de horizonte, según elijamos unas u otras rectas de fuga.

Tales contradicciones, generadas quizá por la libertad del pincel, son, sin embargo, leves y no afectan a la corrección esencial de la perspectiva del cuadro. Las distintas líneas de horizonte halladas por el arquitecto Moya y por mí están muy próximas; el punto de vista de su esquema y el del mío, algo más separados horizontalmente, distarían en el cuadro original unos tres centímetros, lo cual tampoco influye en las principales conclusiones que podemos deducir del trazado de la perspectiva. Examinemos, pues, lo que de éste nos importa, sin más preámbulos.

Para quien nada sepa de dibujo geométrico, vayan algunas explicaciones. En el cuadro de *Las Meninas* predomina la forma de perspectiva que llamamos frontal. Quiere ello decir que estamos viendo la estructura rectangular de la sala de modo que la pared y escalones del fondo se pre-

sentan del todo fronteros a nosotros, mientras
que la pared lateral es perpendicular al plano ideal
desde el cual miramos. Esta forma de perspectiva
se atiene a un único punto de fuga para los rec-
tángulos principales, punto que coincide, en el
horizonte, con la recta que llega desde nuestro
punto de vista, y que, mirada por nosotros, se
convierte en ese mismo punto. Situado éste, según acabo de indicar, en el saliente pliegue negro
más próximo al brazo de Nieto, revela la altura
de los ojos de quien pintó el cuadro; altura que,
por estar más abajo de la horizontal donde se halla
la cabeza de Velázquez, nos informa de que éste
trazó sentado el dibujo de su cuadro. El punto de
vista determina la línea de horizonte, que siempre está, en cualquier escena real, a la altura de
nuestros ojos. Es un punto que se considera situado en el infinito y hacia el que vemos conver-
ger, y juntarse en él si las prolongásemos, cualesquiera rectas horizontales y paralelas entre sí que
sean perpendiculares al plano vertical desde donde miramos. Este es el caso de *Las Meninas,* en
cuya línea de horizonte, si la prolongásemos por
ambos lados, se podrían también determinar otros
dos puntos de fuga correspondientes a las dos
únicas estructuras oblicuas que hay en la escena
—la puertecita entornada y el bastidor ladeado—,
pero cuya estructura principal se atiene a la perspectiva frontal y tiene por ello un solo punto de
fuga coincidente con el punto de vista de quien
pintó el cuadro. En razón de este único punto de
fuga, las rectas paralelas frontales a nosotros y las

verticales nunca convergen y se presentan en la escena como paralelas verdaderas, sea cual sea el término donde se encuentren. De ahí el paralelismo perfecto de los bordes de la pared del fondo, y de los marcos de sus puertas, cuadros y espejo. En este espejo paralelo al plano del espectador se trata de saber qué objetos, figuras o zonas de la sala pueden ser vistos desde el punto de vista, y cuáles no pueden serlo. Claro está que, si nos hallásemos en el aposento verdadero, podríamos ver cualesquiera de ellos, invertidos en el espejo, con solo que buscásemos el lugar adecuado para advertir su reflejo. Y también podríamos ver nuestra propia figura si nos situásemos frente por frente del espejo, aunque fuese desde lejos. Pero frente al cuadro pintado, aunque nos coloquemos ante su centro e incluso a su izquierda para mirarlo, lo que veremos será la disposición estructural inamovible que veía quien lo pintó, el cual no se colocó para ejecutarlo ante el centro de la escena (la infanta), sino ante Nieto, y además sentado. Desde allí algo se veía en el espejo y algo no se podría ver. ¿El qué?

Cuando las rectas de fuga de una perspectiva frontal atraviesan un espejo también frontal para reflejarse en él, no se quiebran; el espejo las repite, invertidas pero en la misma dirección. Y cuantos objetos se encuentren ante él serán repetidos por el reflejo, a la inversa y disminuidos, pero situados en la misma recta de fuga que pase por sus bases. Imaginemos ahora que la pared del fondo de *Las Meninas* es un espejo gigantesco. En él veríamos repetida la sala y entonces sí que podríamos vernos, aunque estuviésemos a la derecha y ante el punto de vista. Y podríamos ver a los reyes en persona y al propio don Diego, sentado y pintando. Pero reyes, pintor, figuras y objetos se repetirían en aquel gran espejo situados, cada uno, en la misma recta de fuga que pasase por sus pies o sus bases. Sabiendo esto, tracemos una muy útil recta de fuga que no encontramos en el esquema de Moya: la que va desde el ángulo inferior del gran bastidor hasta el punto de vista, y recordemos que esa recta sería, en el aposento verdadero, perpendicular a la pared del fondo. En el enorme espejo que allí imaginamos ahora la recta se refleja sin quebrarse, en dirección al punto de vista, y sigue dividiendo a la imagen invertida del suelo de la sala en las mismas dos zonas en que divide a éste. Ninguna figura o cosa que en la escena, o ante ella, esté a la derecha de esa recta podrá verse a la izquierda de su prolongación en el espejo gigante. Y nuestras figuras de espectadores —o las de los reyes— tampoco. Prolonguemos esa división del suelo hasta nosotros; supongamos vivos y a nuestro lado a los reyes; roguémosles que se coloquen junto al borde derecho de la recta; el pintor o el espectador que mire desde el punto de vista los verá en el gran espejo junto a la imagen de la recta prolongada, pero a la derecha de ésta igualmente. Pidamos entonces a don Felipe y a doña Mariana que crucen la recta y se planten a su izquierda. Al hacerlo, desaparecerán en el gran espejo tras la imagen del cuadro en ejecución y quien se encuentre ante el punto de vista no podrá verlos o, a lo sumo, columbrará alguna que otra parte del contorno de don Felipe. Nunca podrá ver ninguna imagen directa y completa de la real pareja a la izquierda de la recta que hemos trazado, pues la del cuadro tapará las suyas. Las imágenes que en el gran espejo puedan verse a la izquierda de esa línea serán las de las cosas o personas que en la sala se hallen asimismo a su izquierda y más allá del bastidor: una parte de doña Agustina Sarmiento, Velázquez y, por supuesto, la cara del cuadro que pinta. A los reyes solo se les podría divisar de nuevo si, desplazándose mucho más aún hacia la izquierda, dejasen a su derecha el gran bastidor. Pero se les vería reflejados en un punto del espejo grande algo distante de la zona donde el espejo menor se encuentra. Y por descontado, ya no estarían ante la escena sino en un rincón de la sala no mirado por nadie de cuantos en ella aparecen.

Pues bien: en ese espejo menor, breve fragmento de la enorme luna que hemos supuesto, vemos una de las imágenes situadas a la izquierda de la recta de fuga que se han enumerado como posibles, y entre las cuales las personas de los reyes no pueden estar. Y no siendo la de Velázquez ni la de la menina Sarmiento, solo queda una: la del cuadro que Velázquez pinta. Se puede dudar, al principio, de lo exacto de su situación y de su aspecto. ¿No habría de verse de espaldas, quizá, algún trozo de la imagen del pintor, ya que él está ante el cuadro? El trazado de algunas líneas auxiliares permite comprobar que no es así. Elevando una vertical desde el punto de intersección de la citada recta de fuga con el borde inferior de la pared (punto situado tras la guedeja de la infantita), se observará que no pasa por la luna sino por su borde derecho, a lo largo del marco negro. Y la vertical equivalente al reflejo del lado derecho del bastidor en el gran espejo imaginario (reflejo que no sería exactamente vertical pero cuya leve inclinación es despreciable para el razonamiento que nos ocupa), no arrancaría, claro es, del borde inferior de la pared ni del punto de intersección citado, sino algo más hacia la derecha y arriba, en la recta de fuga divisora del suelo que al principio trazamos; más *adentro* del espejo. La imagen del borde derecho del bastidor se vería, aproximadamente, en la franja situada entre el marco del espejo y el de la puerta abierta, a verosímil distancia de las caras que vemos reflejadas como probable centro del cuadro.

La menina Sarmiento no puede verse en el espejo menor: basta trazar una recta desde lo más alto de su cabeza hasta el punto de vista para cerciorarnos de que nunca cruza sobre el cristalino rectángulo del fondo. Y tampoco Velázquez puede ser visible, ni siquiera en parte. Obsérvese que se encuentra en realidad bastante separado del cuadro y no ante su centro, sino desplazado hacia la derecha para mirar a los modelos. No se ve su pie derecho, pero se le puede situar con bastante aproximación tras el borde del bastidor y en un punto cercano al borde inferior del plateado escudete que ostenta la falda de la menina. Si desde ese punto trazamos otra recta de fuga, veremos que corta al borde inferior de la lejana pared en un punto cuya vertical sí pasa por enmedio del espejo menor; pero ganando en la recta trazada el trecho equivalente, en imagen especular, a la distancia que media entre la pared y el lugar donde pisa don Diego, comprobaremos que la imagen de éste caería fuera del contorno de la luna, aunque, eso sí, rozando por su izquierda el borde mismo del marco. Lo que en el espejo se divisa es, pues, incontestablemente, el doble retrato que Velázquez está pintando.

La hipótesis de que el lienzo en ejecución fuese el de *Las Meninas* se destruye así automáticamente. Mas no queda anulada por la anterior demostración tan solo: también la comparación de tamaño antedicha resulta mortal para ella. Ramiro Moya dice en su trabajo que la altura de este debatido cuadro no se puede fijar con exactitud, mas sí con bastante aproximación. Esta imprecisión del ilustre arquitecto se origina en que no ha podido deducir las medidas exactas de la pared del fondo, que calcula atribuyendo a Nieto y a los dos peldaños sobre los que está una altura total de dos metros. Sobre este dato aproximado encuentra, para la altura de la sala, 4,50 metros, y para su ancho, 5,50. Finalmente y por deducciones sucesivas, atribuye al lienzo invisible la altura de 2,80 metros.

Hay, no obstante, un dato que permite hallar todas estas magnitudes con exactitud prácticamente absoluta. Pues uno de los cuadros del fondo, identificado como la copia hecha por Mazo del *Apolo vencedor de Pan,* de Jordaens, se conserva en el Prado sin merma de sus medidas, que son 1,81 × 2,23 metros. El cálculo de las medidas de la pared donde figura se convierte así en un sencillo juego de proporciones, que podemos emprender confiadamente a causa de una primera comprobación positiva que dice mucho a favor de la precisión del dibujo velazqueño: la relación entre esos dos números es la misma, con solo la diferencia de una centésima, que la existente entre los lados de los cuadros pintados al fondo. Y efectuadas las necesarias operaciones se obtiene, para la altura de la sala, 4,42 metros, y para su ancho, 5,47, medidas que estimo más exactas que las dadas por Moya por la mayor seguridad del dato inicial. Proyectando ahora sobre la pared del fondo la altura del enigmático bastidor se obtiene para él 2,73 metros. El de *Las Meninas* tiene de alto 3,18, de modo que ni los 2,73 por mí calculados, ni tampoco los 2,80 de Moya, que creo menos seguros, permiten la menor esperanza a los partidarios, que todavía hay, de esa identificación fantástica.

En resumen: la fascinadora idea de que los reyes se reflejaban directamente en el espejo y eran por ello vicarios de nuestra presencia de espectadores es incompatible con la perspectiva del cuadro. La cual nos prueba, por el contrario, que lo que allí vemos es un reflejo del lienzo del primer término, y que no puede ser otra cosa. Las demostraciones gráficas efectuadas por Moya en 1961 y las que aquí se acaban de describir invalidan, esperemos que definitivamente, la alucinación que ha venido emanando de ese azogue que brilla en el fondo del admirable cuadro.

II

Influida ya por las anteriores reflexiones, una primera mirada a *Las Meninas* puede ponernos tristes. Tal vez nos parezca que hemos perdido una bella sutileza y un intrigante enigma que nos dejan, al deshacerse, un cuadro ingenuo en el que se usan, un tanto infantilmente, los trucos de la perspectiva, y en el que un pintor cortesano, que halaga a sus reyes, ni siquiera piensa en la composición que posibilitaría el directo reflejo de éstos, o la evita si la piensa, pues podría interpretarse como un desacato pictórico, y juega a revelar que sus modelos son regios usando de un artificio que es también una ingeniosa muestra de respeto, ya que las borrosas y lejanas efigies monárquicas provienen de un cuadro y no de las personas mismas. Reflexionemos, sin embargo, con mayor detención; acaso logremos, entonces, reconstruir el mito velazqueño de esta obra sin recurrir a hipótesis mentirosas y sobre más firmes bases. Y tal vez nos encontremos al final, si así fuere, con la conclusión contraria: era una relativa ingenuidad lo que hemos perdido y una muy honda sutileza lo que nos queda.

Los creyentes en la descubierta falacia veían en
ella uno de los ejemplos del pensamiento barroco,
que Wölfflin analizó en un libro ya clásico [8] mediante los conceptos de «profundidad» y «forma
abierta», en el estudio de los cuales las diversas
formas plásticas de conectar al espectador con la
obra de arte fueron señaladas como especialmente
representativas de ese estilo. En un importante
trabajo sobre el barroquismo velazqueño [9], Emilio
Orozco abunda en esas ideas e interpreta *Cristo en
casa de Marta,* el juvenil cuadro de nuestro gran
pintor, como ejemplo barroco de enlace directo
con el ámbito espacial del contemplador, inclinán-
dose a cree que la escena evangélica del fondo
representa un espejo, y no un cuadro ni una ventana. La duda puede estar, a mi ver, entre el cuadro y el espejo, pues es debilísima la hipótesis de
la ventana que algunos defienden, difícilmente
compatible con la forma del marco de esa escena.
Comparto la creencia del ilustre catedrático de
Granada: debe de ser un espejo, pese al contrario
indicio que advierto en que la escena representada reciba su iluminación por la derecha y la del
primer término desde el frente izquierdo. No sería
imposible una ventana lateral que causase esa aparente contradicción porque su luz no llegase muy
lejos, y, en todo caso, cabe atribuir a relativa
impericia de pintor adolescente el posible descui-
do, en el que pudo incurrir porque pintase de
memoria el espejo; y también cabe suponer que
rompiera a propósito la unidad luminosa del cuadro para envolver en misterio y extrañeza la esce-

na del evangelio. Pero la viveza cromática y la luminosidad de ésta parecen más propias de un espejo que de un cuadro. Tendríamos así un supuesto antecedente de *Las Meninas* —e incluso de la interpretación errónea de su reflejo especular—. Y es, sin duda, un antecedente del gran cuadro. Pero, comprobada la falsedad del reflejo directo en éste, la probabilidad de que en el lienzo juvenil sí se haya usado nos da, me parece, una clave preciosa para entender el sentido de la evolución del pintor. *Cristo en casa de Marta* sería un atrevimiento, la audaz experiencia de un artista mozo a quien place dejar patentes sus exploraciones y que éstas sean radicales. El cuadro palatino sería, no un retroceso en la osadía de las ideas pictóricas, sino su maduración: representaría la convicción de que, volviendo indirecto lo que en la juventud se prefería directo, la fuerza interna, el tino y la autenticidad de la obra crecerían. Y en ese proceso únicamente se perdería lo que todo creador maduro, si es realmente grande, desea perder: el énfasis.

El barroquismo del imponente lienzo del Prado no pierde así grados, sino que los gana. No pierde intemporal modernidad; la acrecienta. No debilita el artificio: lo vuelve más complejo y menos ostensible. A la somera composición del cuadro juvenil se enfrenta, cerca de cuarenta años después, la de una escena cargada de singularidades que no se advierten a primera vista. Pues a la rigurosa exactitud con que se muestra un reflejo de modo tal que se divisen justamente y bien centradas las

dos cabezas del lienzo en ejecución, evitando con
pareja precisión que se vea la imagen de su ejecu-
tante, se unen otras curiosas rarezas que acreditan
lo meditados que están los menores detalles de la
obra. El filo del gran bastidor — ¡extraña coincidencia! — pasa exactamente por el ángulo superior izquierdo de la pared del fondo; ni un poco
más a la derecha, ni a la izquierda. Desplazando el
bastidor solo unos centímetros hacia la izquierda
veríamos el punto de confluencia de los tres die-
dros y un trozo del invisible muro izquierdo; corrido hacia la derecha, ocultaría un breve segmen-
to del borde superior de la pared. Pero Velázquez
no hace ninguna de las dos cosas, pese a ser ambas
propias de una visión más natural, y ello suscita
la impresión, en el contemplador poco atento, de
que esa pared frontal quizá continúe algo más hacia la izquierda, sin sospechar que el bastidor vaya
a definir su límite en ningún punto. Otra rareza
de ordinario inadvertida: la mano derecha de
Nieto coincide exactamente con el punto en que la
cortina del fondo se recoge, lo que ha engendrado
otra alucinación de menor alcance que la del espejo pero también sufrida por muchos. Se dice y
se cree ver que Nieto aparta o recoge esa cortina.
Y no es así: Nieto se dispone a cerrar, o termina
de abatir, una segunda puerta correspondiente al
último escalón, de la que tan solo se ve, pero muy
claro, su fino borde. Abierta hacia nosotros, esa
puerta puede ser manejada sin dificultad por el
aposentador de la reina desde el tercer peldaño
donde se encuentra; pero recoger la cortina, que

está sin duda más atrás y a la distancia por lo menos del sexto peldaño, le obligaría a una distorsión que su cuerpo y brazo no acusan. He aquí, pues, otra curiosa coincidencia: la de la mano de Nieto sobre esa otra puerta en que pocos reparan con el punto en que, más lejos, la cortina se halla recogida. Ni un poco más arriba ni más abajo, como sería, visualmente, más natural. A estas coincidencias extrañas, que nos inquietan vagamente, se añade el artificio ya comentado de fijar el punto de vista de la perspectiva hacia la derecha del cuadro y no en la vertical de su centro. Artificio mucho más frecuente en la pintura pero que, dadas las actitudes de las figuras en este cuadro, genera otra confusión similar a las anteriores: la de que el espectador suponga que el punto principal de enfoque se encuentra hacia el centro de la tela y no donde efectivamente se halla, suposición errónea que encontramos afirmada en muchas publicaciones. El espectador tiene motivos «naturales» para creer en ella: el primero, que su normal modo de situarse ante cualquier pintura es plantarse ante su centro; el segundo, que es claro centro de interés en *Las Meninas* la figura de la infantita, cuya cabeza se halla en la vertical que divide al cuadro en dos mitades. Induciendo en el espectador la idea de que el punto de vista de la perspectiva será asimismo central, la situación central de la infanta Margarita ha contribuido también a la alucinación del espejo; pues, aunque éste no se encuentre en el centro de la tela, está cerca de él y casi encima de la cabeza de la niña.

Y si al espectador le parece ésta coincidente con el centro de la perspectiva, se inclinará a pensar que el reflejo de los reyes podrá ser, sin dificultad, directo.

No faltará quien piense que estas contradicciones entre lo que creemos ver y la realidad estructural de la escena carecieron de especial significación para Velázquez; que debieron de ser consecuencias automáticas de la perspectiva elegida. Pero, ante una obra tan cuidadosa y minuciosamente concebida, me parece que sería un desatino pensarlo. Velázquez no habría causado ninguna alteración esencial en la disposición de la perspectiva si hubiese corrido un poco el bastidor o hubiese elevado algo el punto en que la cortina se recoge para separarla de la mano de Nieto; el pintor más atenido al natural no vacila en introducir en sus cuadros modificaciones como ésas si van a evitar equívocos. Don Diego pudo hacerlo y, si no lo hizo, estamos obligados a suponer que intentaba provocar —o al menos, no quería evitar— los despistes intuitivos del espectador. De la posición central de la infantita cabe decir lo mismo: el pintor no puede ignorar que la primera intuición en cuanto a la perspectiva le va a fallar al contemplador y, sin embargo, escoge la perspectiva lateral. La prefiere, cierto, porque es la que le permite el reflejo del cuadro en el espejo; mas también habría podido componer las figuras de modo que la infanta estuviese en la vertical del verdadero punto de vista y no donde está. No le hubiera resultado difícil a su gran talento artístico e incluso habría dejado algo más claro, procediendo así, que lo que se reproducía en el espejo era el cuadro. No lo hace y ello nos plantea una pregunta ineludible. ¿Pasó por su cabeza que, merced a esta aparente confusión en el lugar del punto de vista y dado el carácter frontal de la perspectiva, muchos de los que miraran entenderían, equivocándose, que el reflejo era directo? Ante un hombre tan conocedor de las leyes de la perspectiva y, por consiguiente, de sus ilusiones y falacias, no creo que quepa la respuesta negativa. Velázquez es consciente del error en que caerán tantos, como lo es de la ilusión en que tantos incurrirán al pensar que Nieto levanta una cortina. No es que pretenda, cierto, llevarnos a un engaño sin salida: la perspectiva es correcta y guarda una verdad demostrable. Pero quizá el pintor pretende suscitar, *por un momento o por algún tiempo,* el desasosiego de que nos queramos mirar en el lejano cristal. Si es así, se le puede restituir a don Diego la concepción de *Las Meninas* como un cuadro abierto que reclama la inclusión en su espacio del observador, operación a la que coadyuvan, no solo la *tentación* del espejo, sino las miradas y actitudes de los personajes. Pero no al modo más bien tosco de su supuesta tentativa juvenil sino de manera mucho más refinada. A la manera propia de una mente privilegiada que, desde el mundo del barroco, se complace en las más intrincadas estructuras pero las trasciende a la vez, llegando a un resultado paradójicamente contrario: el de crear con todas ellas la impresión

de una realidad nada elaborada, sencilla y espontánea.

El creador capaz de esta operación genial y recatada es uno de los hombres más complejos y
agudos de su tiempo. El enigma óptico de la realidad, que él pugna por desvelar, hállase preñado
de misterio; la apariencia trivial de toda escena
esconde extrañezas cromáticas y formales. En el
descubrimiento de unas y otras llegará muy lejos,
pero se abstendrá de mostrarlas en sus telas con
la autocomplacencia y el acento, estilizado o didáctico, de la vanidad. Para decirlo con nuestro
lenguaje: más que realista será un superrealista,
pero críptico. Y en esa contención, en esa mesura,
reside la calidad suprema de este gran señor que
odia los aspavientos, aunque sean pictóricos, y que
por eso, para estudiosos, aficionados y pintores de
sensibilidad menor que la suya, pasa por ser menos grande que un Greco, un Goya o un Picasso.
En la composición de *Las Meninas* todo parece
claro y sobrio, pero lo cierto es que él no aclara
nada, pues sabe bien que la realidad visual es arca-
na y prefiere ofrecer, sin acentuaciones ni simplificaciones, ese arcano que él ha explorado mejor
que nadie. Reconozcamos, pues, como suya, la
irónica contradicción entre un espejo que refleja
un cuadro y la sensación —momentánea o duradera según los casos— de que el espejo podría reflejar al espectador. Es otra de las tensiones barrocas
y el cuadro no está menos abierto por soportarla.
Lo está aún más, pero con mayor pudor que si el
espejo pudiese reflejarnos. Es como si Velázquez,

en lugar de decirnos desde el cuadro, como se ha venido creyendo: «Imaginad que os miráis en ese espejo», nos dijese: «Por más que os esforcéis, nunca os podréis mirar en el espejo. Pero sé que estáis ahí, y he pintado así el cuadro porque lo sé. Para que nos miréis mientras os miramos y deseéis constantemente encontrar vuestra efigie en el espejo donde nunca la hallaréis».

Pues, sin embargo de todo lo antedicho, el mágico brillo de ese liso diamante en la sombra es tan atrayente que, aunque haya dado ocasión a un equívoco insostenible, no deja de encerrar cierta vaga incitación a pensar lo impensable. El aire de realidad de las figuras regias es tan grande que, sin duda, ha colaborado en la idea de que el espejo reflejaba seres vivos y no pintados. Otra confusión que añadir a las anteriores, tan premeditada como aquellas, que quizá encierre, si sabemos entenderla, una de las últimas intenciones del cuadro entero. Veámosla.

Velázquez es consciente de la apariencia de vida que las regias imágenes tienen en el espejo, y, por ello, de la medida en que contribuyen a crear el equívoco. Sabe bien, asimismo, que son reflejos del cuadro que pinta y que se puede demostrar. De momento, según se ha indicado, nada nos aclara; nos mira mientras se dispone a mojar el pincel y tolera nuestros errores de apreciación, las interpretaciones engañosas y acaso inevitables. Pero sabe asimismo que, sin ayudarnos, no nos miente; que el cuadro de meninas que nos ofrece es hondamente veraz y fidedigno. Algo, pues, veraz y

fidedigno quiere decirnos con esa reverberante
luna que él sabe equívoca. Si somos capaces de
remontar el equívoco hallaremos en las figuras regias una tácita aserción definitivamente veraz.
¿Cuál? Más o menos, imagino que Velázquez la
habría formulado así: «Luego de que hayáis comprendido y comprobado que lo reflejado en el espejo es un cuadro mío, reparad de nuevo en el
aire natural y vivo de ese cuadro y de la pintada
luz que modela sus figuras. La pintura que ejecuto
y cuyo revés apreciáis, no es, en el sentido corriente de la palabra, pintura. Comparad su luz lejana
con la que cae sobre la infanta y sus criados; no-
tad que es la misma y que el pincel no la ha amor-
tiguado. Comparadla, en cambio, con los lienzos
que adornan la galería y veréis la diferencia que
separa a toda pintura de lo que yo hago. Aunque
tales lienzos estén en penumbra y el reflejo de mi
cuadro devuelva la luz que también sobre él cae
en el primer término, la diferencia existe. Si abrié-
semos maderas y los contemplaseis iluminados,
advertiríais lo convencional de sus tonos y su composición, mientras que mi pintura de sus majesta-
des os seguiría pareciendo, por contraste, vida y
no pintura».

Estos fingidos pensamientos, fáciles de aceptar
como probables por la resolución con que el pintor ha destacado la vivacidad de su doble retrato
real mediante la luz del espejo, guardan una final
sutileza. Pues el término de comparación con que
en ellos se enfrenta la tela que Velázquez pinta es
la realidad luminosa que le rodea y que *también*

está pintada. El callado orgullo por su pintura que la argucia del espejo nos autoriza a suponer en él se traslada al cuadro entero, acto pictórico mediante el que Velázquez afirma la revolucionaria novedad de su labor, consistente en el acercamiento —saturado de la mejor y más compleja técnica, que es la que no se deja ver— al contundente carácter de «aparición» que la realidad óptica posee y que Ortega ha descrito admirablemente hablando de nuestro pintor [10]. La prodigiosa aparición de *Las Meninas* parece entrañar una burlona tautología: confrontar luz pintada con luz pintada como si ésta fuera real. Pero las insistentes pupilas de sus figuras, clavadas en nosotros, insinúan que aún queda otro término de comparación y que Velázquez nos invita a considerarlo: el de la luz y los colores reales de la sala donde el cuadro se exhiba. Velázquez piensa, seguramente, que siguen siendo los mismos y que acreditan la verdad de su obra; no, claro es, por sus intensidades, sino por sus leyes. Y el espectador habrá de confirmarlo, asombrado, pese al velo amarillo del tiempo sobre la tela.

La prueba del espejo, recomendada por Leonardo y clásica entre pintores, tiene así en *Las Meninas* una especie de ejemplo singular. Suprimido el borde del lienzo en que Velázquez trabaja por los biseles del cristal, la sensación de realidad se acrecienta y el pintor aprueba su cuadro. Pero, así como la luminosa tautología de *Las Meninas* se resuelve en la comparación final con el ámbito donde el cuadro esté, el espejo que en él figura cumpliendo la clásica prueba de los pintores reclama parecida resolución, pues también está pintado. Habrá entonces que reconciliarse con el espejo auténtico, del que tantas veces hemos despotricado, y que, en la salita del museo, se encara lateralmente con la magna obra. ¿Advirtieron, quienes dispusieran su colocación, la hondura del juego que continuaban? Puede que sí, y puede que sólo pretendieran encandilar a los visitantes con la propaganda de un realismo fotográfico mal entendido. Pero su intuición fue certera y ahora creo que Velázquez la habría aprobado, pues sospecho que también él miraría mediante algún espejo, luego de concluido, su gran cuadro. Y en el espejo del Prado, que suprime a su vez los contornos del cuadro para la mayoría de las miradas, la operación comparativa y potenciadora a cargo del espejo pintado se repite, para esta fingida luna y para el cuadro entero, a fin de que nos azoremos aún más ante esas sombras que nos observan y esa sala que nos aguarda.

Todavía debemos hablar de cierta sorprendente particularidad que el maravilloso lienzo muestra, advertida ya por Beruete. Pues los aspectos que hemos comentado y que le confieren el significado de un formidable acto de afirmación pictórica culminan, probablemente, en la extraña ejecución del trozo correspondiente a la paleta que el pintor empuña. Sin darle otro sentido que el de un relativo desacierto de éste, Beruete notó que

...la paleta está mal de línea, de forma y de proporción; adviértase también que no se halla en su plano o término, sino adelantada, y aquella mariposa que tiene en la cabeza la menina a cuyo lado se encuentra, no se sabe si es un adorno del tocado o algo que sale por detrás de la paleta; el dedo que la coge es deficiente en su dibujo y en su forma... [11].

Permítaseme, ante todo, disentir en parte de tan docta autoridad. Aunque no sea muy expresivo, no me parece que el pulgar de esa mano esté incorrectamente dibujado, y la objeción a lo menudo de la paleta, que en líneas anteriores también censura Beruete, así como a los finos pinceles, por ser todos estos instrumentos inadecuados a la realización de un cuadro tan grande como el que se ve en el caballete, tampoco es convincente. Pues Velázquez, como cualquier pintor, podría usar paletas grandes para una parte del trabajo y pequeñas, con finos pinceles, para los acabados y retoques. Que la paleta esté mal de forma y línea es también, a mi juicio, dudoso, tratándose de pintura tan suelta en sus contornos. En cambio, la observación acerca de su adelantamiento respecto del término donde se halla y de que parece estar pegada a la cabeza de doña Agustina es exactísima, y nos deja perplejos ante esta nueva y extraña confusión. Colocar el brazo que sostiene la tablilla de colores un poco más hacia la izquierda hubiera sido más claro y normal; correrlo hacia la derecha, de modo que la melena de la jovencita ocultase en parte la paleta, habría resultado no

menos lógico. Dibujar la paleta enhiesta en lugar
de caída y mostrando sólo su borde o parte de su
cara inferior —posición muy frecuente, como bien
saben los pintores— habría evitado esta anómala
sensación de contigüidad entre paleta y melena.
Ya se ha visto cómo la conservación —o provo-
cación— de tales rarezas visuales es grata a
Velázquez; pero la anomalía de esta paleta no se
reduce a su disposición junto a la masa del cabello
femenino sino, como indica Beruete, a su mala
entonación. Y en una obra cuya justeza de tonos
y valores es asombrosa, y que tal vez pueda
considerarse como el cuadro mejor entonado del
mundo, esto es enorme. ¿Cómo, de pronto, ese
incomprensible desajuste en un detalle de cierta
magnitud? Sobrado vivos para donde están, los
tonos de la paleta y de sus pigmentos la adelantan
y fingen adosarla a la cabeza de la menina; un
desafuero cromático que podría deberse a la mano
de quien, tras el incendio del Alcázar, restauró el
cuadro. Mas yo aseguraría que no se debe a esa
mano; la paleta no parece estar retocada. Y, por
otra parte, es imposible que el maestro de la entonación haya errado hasta ese punto. El pintor
capaz de modular con tan increíble finura el ilumi-
nado larguero del bastidor, la penumbra que envuelve a doña Marcela y al Guardadamas, las
gradaciones de la puertecita y los peldaños leja-
nos, habría apagado con seguro tino los tonos de
la paleta para alejarla de la cabeza femenina y
habría agrisado la delgada franja oscura que, entre
la madera y el cabello, llega a parecer un ensam-

ble. No queda sino reconocer, estupefactos, que Velázquez desajusta y adelanta esa paleta voluntariamente. ¿Puede aventurarse que se permitiera esa incorrección porque, considerando la colosal investigación plástica llevada a cabo en *Las Meninas,* entendió que la paleta era su verdadero y recóndito protagonista? Si fue así, cedió a la tentación de destacarla y de subrayar un tanto, ante las retinas más educadas por lo menos, la magnificación del arte de pintar que el cuadro representa; contradiciendo, pues la ocasión lo merecía, su sedicente impasibilidad. Impasibilidad que a veces se resquebraja y que esconde una tensión, permanente en nuestro gran pintor, entre resolución y pudor, entre el denuedo y la sencillez que rehúye toda extravagancia gratuita. Esa tensión titánicamente equilibrada es la que le ha hecho pasar a menudo por pintor frío, de personalidad somera y acomodaticia e incapaz, en suma, de verdadera genialidad. Pero es también, cuando se entrevé la fuerza del impulso que la engendra y el vigor que la domeña, lo que nos detiene, llenos de asombro, ante su altísima humanidad. Encerrado en el vasto fanal de la galería donde dispuso su obrador, les parecía a muchos que su vida transcurría gris y aburrida entre aquellos muros tristones, secándose poco a poco. Cuando le viesen mirar a los mediocres lienzos en ellos colgados, acaso no supondrían —pues hablaba poco— que, por ejemplo, se aprestaba ya a contestar a la amanerada *Fábula de Palas y Aragne* allí presente con un lienzo distinto e infinitamente

renovador sobre el mismo tema, al modo como,
años antes, había contestado a los filósofos de
Rubens con su *Esopo* y su *Menipo*. (Contestación
se le llama ahora a la protesta...) Difícilmente
presumirían los otros palaciegos que también se
disponía a contestar a la galería entera, so capa
de aceptarla, pintándola llena de verdad y
sencillez, como ojo alguno se había atrevido a
verla. O, como se diría hoy, «desmitificando»
el palacio, igual que desmitificaba a Marte, Baco
o Minerva.

Este cortesano desconcertante, adaptado al
parecer sin esfuerzo a los usos y mentiras de la
Corte, pero que no se digna esperar en Milán a
la que va a ser su reina y no vacila en contrariar
a un monarca absoluto, demorándose en Italia y
provocando diez cartas regias de apremio; este
subalterno en procura de una venera que, sin embargo, osa responder con malos modos al poderoso y titulado noble que es, además, su superior
directo en Palacio; este ujier que elude el honor
de almorzar con un cardenal y se abstiene de
entregar a otros prelados las cartas de presentación que para ellos lleva, es hombre de comporta-
miento insólito en su época y parece estar,
internamente, desengañado de las mismas vanida-
des que solicita y desapegado de la propia realeza
que lo sostiene. Como también se diría hoy, acaso
podríamos rastrear en él a un hombre «desalie-
nado». O, más brevemente: a un hombre [12].

Un hombre que, además, es un genio que no
oficia de genio, cosa aún más ímproba y no fácil

de entender en esta edad nuestra, en que los artistas, posean o no genialidad, la aparentan. Su disimulada indiferencia ante un mundo que quizá ha juzgado y sentenciado en su corazón, es arrolladoramente desbordada por su pasión pictórica: pasión que resulta ser mucho más que artística y que es la pasión del conocimiento. Como muy bien ha explicado Maravall [13], esta mente es de su siglo, pero es mente de adelantado que otea, a la par de otras excepcionales cabezas de aquel tiempo, el nacimiento del futuro. Y ahora, cuando lo miramos en el cuadro desde donde nos mira, creemos notar en sus serenos ojos la riqueza interior de su aventura callada. Y quizá, también, su deseo de que, siglos después, nuestra deferente mirada se cruce con la suya en una suerte de «participación» teatral que, sin recurrir a físicas provocaciones al estilo del más reciente teatro que puedan, por exceso, resultar inhibitorias —sin recurrir a golpearnos desde el escenario donde se encuentra este actor con pinceles mediante el reflejo directo del espejo alucinante—, se constituya suavemente como participación espontánea e inexorable. De ese modo aceptamos, a la postre, el reflejo especular de una pintura desaparecida sin pretender ya mirarnos en sus aguas, porque el pintor nos ha persuadido, con las miradas de todos, la suya propia y el milagroso hueco de esa galería transitable, de nuestra incorporación definitiva al momento fugaz y eterno que *Las Meninas* nos regala.

García Lorca ante el esperpento

Señores Académicos:

La generosa elección con que me habéis honrado me colma de gratitud y también de temor. Cálida gratitud por la aprobación que, al llamarme a vuestro lado, concedéis al teatro que osé inferir a nuestro país; temor, bajo el peso de la responsabilidad que siento sobre mis hombros nada más franquear vuestras puertas. Pues si considero aquellas cualidades propiamente académicas, que confieren el derecho de velar por nuestro idioma a quienes con mayor felicidad lo forjan o con más sólida ciencia lo estudian, claramente advierto que, ante vosotros, no podré ostentar otra certeza que la de mis insuficiencias. Convicto de ellas, nunca pretendí, bien lo sabéis, el alto título que vuestra gentileza me otorga.

Lejos de ver en él un premio a pasados trabajos de cuya consistencia siempre ando inseguro, lo tomaré como acicate de mi labor futura. Acicate y además, por qué no decirlo, amparo; ya que vuestra acogida me depara ese techo del que el escritor español, sujeto propicio a intemperies, suele hallarse menesteroso.

Heme aquí, pues, en este salón, que visité otras veces sin reparar en su semejanza con aquellos locales donde mi profesión se alberga. El parecido con un teatro es, sin embargo, notable, y no se reduce a la arquitectura que nos rodea. Con su adecuada indumentaria, tampoco faltan los actores; ni los papeles previamente escritos, uno de los cuales me corresponde recitar ante el público, asimismo presente. Advierto que soy partícipe de una representación y que estoy representando un momento de mi propia vida... Vuestra comprensión sabrá excusar, así lo espero, la aparente impertinencia de mis comparaciones. A todos nos atrapa alguna vez la vieja intuición barroca de que el mundo es teatro, y nada censurable hallo en darla ahora por válida; pues el teatro no es hipocresía, aunque la hipocresía fuese teatro en el primigenio sentido de la palabra. Sin cesar teatralizamos nuestro existir, mas no —en su moderna acepción— hipócritamente, sino por ser el modo teatral vehículo de personificación y de reconocimiento mutuo. Permanente fundamento acaso, por ello, de toda posible antropología.

Lo que requiere la escena de la vida, no menos que los escenarios teatrales, es «lo fingido verdadero»: que nuestra representación se sature de sinceridad. Pero la representación más veraz no demolerá las convenciones que la configuran. Por repudiar —no siempre con ponderación— la mendacidad del teatro y la sociedad con que se encontraron, las juventudes de la hora presente instauran, en uno y en otra, hasta la desnudez. Su sana rebeldía les incita a promulgar la destrucción de todo fingimiento, *de todo teatro,* incluso en el teatro mismo. Lo que esbozan ya son, empero, otras convenciones: no la anulación, sino la renovación de ritos y ceremonias, para tornar más verdadero lo fingido. Y al desprenderse de los envejecidos afeites y disfraces del naturalismo escénico, quizá revelen músculos elásticos y vivaces articulaciones bajo la epidermis antes oculta, pero cubrirán al tiempo sus rostros con máscaras alucinadas.

Teatro es también, si queréis y si ellas quieren, lo que ahora hacemos en este salón. Mas yo no le atribuyo el despectivo sentido que la expresión soporta, sino el de afirmar nuestras personas —o personajes— mediante las formas que a ello convienen. Y por ser así, aunque mi cuerpo se recubra con el frac ritual, mi representación aspirará a la desnudez.

DOS RECUERDOS

A lograrla me inclina mi carácter, pero también el recuerdo del primer día en que traspuse esas

puertas y el de la ocasión última en que, antes de
mi elección académica, tomé asiento entre los asistentes a cierta sesión aún no lejana.

Hace largos años —permitid que lo rememo-
re— fui público de este teatro por vez primera.
Al mozo que yo era entonces, estudiante de pintura que ni remotamente pensaba en abandonarla
por las letras, facilitóle invitación un matrimonio
vasco que hoy me acompaña con su alegría... Así
pude asistir a la recepción celebrada el 12 de
mayo de 1935. Desde el extremo izquierdo de esa
tribuna y en pie a causa del gentío, contemplaba
yo ávidamente a don Pío Baroja, que aquí abajo
leía su discurso, y escuchaba sus desnudas palabras; mientras el doctor Marañón, sonriendo desde el lugar hoy ocupado por uno de sus más
brillantes discípulos, aguardaba su turno. Nadie
piense que insinúo vanidosas semejanzas con un
gigante de nuestras letras por quien siempre sen-
tiré filial veneración. Pero el escenario era éste, y
si en algo han alterado los años su apariencia, yo
no lo noto. Percibo, por el contrario, su exacta
identidad con aquel otro de mi recuerdo y, como
Borges ante su callejuela, siento por un instante
que tal vez el tiempo y nuestras personas sean
ilusorios. E imagino fugazmente que un muchacho
mira ahora desde la tribuna como yo miré entonces, sin barruntar que un día ha de encontrarse
—¿él?, ¿yo?— leyendo un discurso en otro lugar
del decorado. Treinta y tantos años transcurrieron
sin que yo lo previese; esa visión remota se ha
conservado, no obstante, en mi mente, de donde

tantas otras se han borrado. La magnitud del escritor cuyas claras palabras escuché lo explica sin duda; pero el recuerdo me impone, además, la sospecha de si el destino, solemne vocablo que ha enfatizado numerosas obras dramáticas y no pocas vidas, no será sino la extraña o casual persistencia de algunas imágenes en la memoria.

Tres años se han cumplido ya desde la segunda recepción cuyo recuerdo tampoco me abandona. El día 20 de octubre de 1968, la Academia recibía a don Antonio Rodríguez Moñino, cuyo acceso al sillón que aquí le esperaba habían logrado impedir tiempo atrás —finalmente en vano, y sea dicho en vuestra alabanza— personas mal avenidas con la independencia de criterio que a esta Casa distingue. Cuando llegué, entre la muchedumbre que lo felicitaba, a los brazos del nuevo académico, con aquel su cortante acento extremeño me espetó él:

—Antonio, ahora te toca a ti.

Denegué, riéndome y bien ajeno a la idea de recibir tan honroso título, sin que ninguno de los dos presumiese que fuese a ser yo, precisamente, el llamado a ocupar el puesto que él dejaría vacante en plazo de tan fatídica brevedad.

Pero así ha sido, y el lugar donde nos hallamos me reservaba esta otra confirmación de las imprevistas —y dolorosas— extrañezas que nos acechan. Porque «la gran estúpida», según Ortega apostrofó a la inexorable extinción que a todos

se nos cumple, fulminó a Rodríguez Moñino en la
plenitud de su fecunda laboriosidad, y yo me veo
en el trance de suceder a un amigo inolvidable,
algunos de cuyos grandes méritos me consentiréis
rememorar.

DON ANTONIO RODRÍGUEZ MOÑINO

Don Antonio Rodríguez Moñino consagró a la
investigación literaria su existencia entera. Y no
exagero, pues si publicó en 1925, cuando conta-
ba sólo quince años, el primer trabajo que se re-
gistra en su bibliografía [1], puede suponerse lo temprana y densa que sería su frecuentación de ediciones y bibliotecas. Desde entonces hasta su
muerte son unas trescientas las aportaciones que
le debemos: asombroso conjunto, que abarca las
más variadas materias y donde las ediciones críti-
cas, los facsímiles, diccionarios, catálogos, cancio-
neros y romanceros, epistolarios, manuscritos y
pliegos sueltos confirman a don Antonio como
«príncipe de los bibliógrafos», justo título que
para él acuñó el insigne hispanista Marcel Bata-
llon y que acaso merece aún más que la figura
máxima de nuestra bibliografía, don Bartolomé
José Gallardo, a quien Moñino dedicó notables
estudios y un libro definitivo. Bibliógrafo insupe-
rable fue, ciertamente, don Antonio. Rastreador
sagacísimo de las más oscuras pistas, acopió y co-
mentó curiosos y extraordinarios hallazgos: el del
primer manuscrito del *Amadís,* entre otros.

Pero, ¿sólo un bibliógrafo? Con palabras dictadas por una distraída modestia, así se definió él en cierta conferencia: «Más bien un bibliógrafo...» Cuantos han estudiado su obra nos precaven de tan concreta calificación. Comentando sus trabajos de Epigrafía, de Genealogía, de Historia General, Literaria o del Arte, había dicho ya, hace muchos años, Dámaso Alonso [2]:

> Estamos ante la obra de un bibliófilo que es un gran bibliógrafo y un investigador de nuestra cultura.

Sus múltiples saberes llevaron a Moñino, en efecto, a la investigación y la crítica, artística y literaria, actividades donde sobresale tanto como en la bibliográfica. Y a ellas debemos sus estudios acerca de numerosos poetas mayores y menores de nuestros siglos áureos, o sus eruditas calas en la pintura y la vida de Goya, Morales y otros artistas. Abrumador sería pormenorizar su ingente labor, bien conocida por vosotros; citaré solamente, por ser ejemplo singular de la agudeza y originalidad de su método en materias literarias, esa breve y magistral obrita titulada *Construcción crítica y realidad histórica en la poesía española de los siglos XVI y XVII* [3], admirable por su lucidez ante muy arraigados lugares comunes.

Rodríguez Moñino fue maestro indiscutido de hispanistas y ganó el afecto de cuantos se le acercaron, pues su desprendimiento y sencillez prodigaban el consejo oportuno o el libro imprescindible. Justas distinciones recompensaron

sus méritos: Miembro de Honor de la American
Association of Teachers of Spanish and Portugue-
se, Doctor *honoris causa* de la Universidad de
Burdeos, Vicepresidente de la Hispanic Society
of America, Académico de la Lengua... Una vida
gozosamente realizada; pero no soslayemos que,
al considerarla de cerca, ofrece desazonantes perfiles. En 1936 era ya don Antonio catedrático de
Instituto y conocido investigador literario; su
previsible acceso a una cátedra universitaria habría satisfecho sus innatos anhelos de maestro y
asegurado su valiosa permanencia en el país. No
pudo cumplir, sin embargo, tan natural deseo.
Después de aquella fecha el joven sabio perdió
para siempre la cátedra que desempeñaba y la posibilidad de continuar sus afanes docentes, que
hubo de dispersar por otras tierras... Pero nunca
emigró para no volver: los archivos, bibliotecas y
colecciones hispanas, razón de su existencia, lo
llamaban una y otra vez. Y así, vino a ser un
profesor «conflictivo», según la definición certera
de Juan Manuel Rozas en el artículo necrológico
que le dedicara [4]. Difícil situación, a despecho
de los triunfos que la alivien, la del intelectual
«conflictivo»; áspero trance que abarca la entera
trayectoria vital de numerosos creadores y del
cual Américo Castro nos ha dado conciencia
luminosa. Pero, si la tenacidad y el talento se
acrisolan en los pesares del conflicto, ¡cuántos
preciosos tributos al más auténtico patriotismo,
que es el de la cultura sin fronteras! Pues en
ese patriotismo y esa gloria hállanse ya instaladas

para siempre la memoria y la obra de don
Antonio Rodríguez Moñino, a quien me honra
suceder entre vosotros.

FEDERICO GARCÍA LORCA

Y ahora, de cara al tema con el que me he atrevido a solicitar vuestra atención, debo reconocer
mi osadía al elegirlo. La bibliografía lorquiana es
inmensa y crece cada día; corta es, en cambio, la
medida en que yo la he consultado. El peligro de
repetir ajenos asertos agazapados en esa montaña
de publicaciones es grande, y he de apelar a vuestra indulgencia si así sucediere. Bastantes de los
que me escucháis fuisteis, además, amigos de
nuestro gran poeta; compartisteis con Federico
ansiedades vitales e ilusiones literarias, le habéis
consagrado estudios, poemas, recuerdos, pane-
gíricos... ¿Qué podría yo decir a tan calificado
tribunal? No soy filólogo, y aunque me limitaré
a hablar del teatro de Lorca, dejaré intacta la
consideración de su idioma incomparable, mere-
cedor de análisis más doctos que los que yo
pudiera intentar. Otros son los aspectos que
quisiera contemplar: estructuras y conjuntos
sin relación directa con el léxico, mas sí con
el lenguaje dramático, del que también son
formas significantes. Pero ninguna erudición me
adorna y la crítica literaria no es mi trabajo.
Conjeturas, dudosas especulaciones, es lo que os
ofrezco. Sé que es pobre oferta.

Me decido, sin embargo, a brindárosla porque el teatro de Federico viene sufriendo, pese a su reconocida excelencia, graves entredichos que reclaman sereno examen. No será el mío de crítico, ni de sociólogo. Pero sí el de un dramaturgo. Y esa condición, única que me atrevo a ostentar, acaso me permita acercarme, sin errar demasiado, al teatro del enorme dramaturgo que perdimos.

LA FAMA Y LAS VOCES DISCORDANTES

No hay fama sin voces discordantes y la de Federico ha sido arrolladora. Ante ella era forzoso que surgiesen, antes o después, reticencias de todo género. Entre poetas que aceptan sin esfuerzo la importancia de su teatro es frecuente el rechazo de su poesía lírica; entre autores de teatro que lo tienen por altísimo poeta circulan objeciones a sus dramas. Nos solicitan, empero, aspectos más objetivos del relativo descrédito que soporta la dramaturgia lorquiana: el estudio, siquiera sea apresurado, de sus posibles causas literarias y sociales. Para efectuarlo, sigamos la pista de los estereotipos que expresan el descrédito. Se dice que su teatro es poético, mas no auténticamente dramático; que el drama se diluye en los fragmentos versificados, meras añadiduras carentes de necesidad orgánica; dícese finalmente, y es lo más grave, que su esteticismo oculta la realidad —toda realidad: la social, la de nuestras pasiones— en lugar de revelarla. No se le niegan cualidades tea-

trales, pero sí madurez. Se aduce que la prematura
muerte del poeta impidió que su teatro pasase de
ser una promesa, aunque, eso sí, brillantísima.
Una promesa a punto de trocarse en firme realidad a partir de su última obra —*La casa de Bernarda Alba*—, donde la condensación dramática y
la simplificación de innecesarios lirismos se vuel-
ven evidentes. Habría sido un gran dramaturgo
—se asegura—, pero si hubiese vivido.

Todos hemos oído y leído estas cosas. Mas,
para probar que nada invento, recordaré algunos
de los asertos impresos durante los últimos veinte
años, claros reflejos del parcial eclipse de la estrella lorquiana. Reunidos al azar, bastarán unos
pocos ejemplos para apreciar lo sucedido.

Durante los quince años siguientes al asesinato
de que fue víctima el poeta, su obra se sacraliza y
apenas se oyen voces discordantes. La primera
tentativa desmitificadora digna de interés corresponde, quizá, al año 1951, cuando mi viejo amigo
Eusebio García Luengo publica su *Revisión del
teatro de Federico García Lorca* [5]. Inencontrable
hoy, el folleto gozó de cierta resonancia, debida a
la severidad de sus juicios: Luengo reconocía en
Federico grandes valores teatrales, pero, desde su
noción ideal de la verdad dramática, consideraba
divorciado su teatro de toda honda realidad humana, popular y trágica.

> Acaso sea un teatro —decía— excesivamente
> estético, dando a la palabra la acepción de juego
> evasivo y desdeñoso.

Y más adelante:

> Pero todo arte paga sus defectos con una fatal declaración: la de su insinceridad. Aquello que no se siente ni se sufre no puede ser expresado. El autor dramático García Lorca no siente ni sufre el drama humano, al menos en la dimensión en que nosotros lo reconocemos.

He de comentar brevemente tal conclusión, la más sorprendente quizá de todo el trabajo. Cuando se estrenó *Yerma,* una amiga mía mayor en años, sensible y cultivada, confesóme su emoción al oír, en boca de la protagonista, lamentaciones que ella había proferido. Había consistido su tragedia en la esterilidad de un largo matrimonio, felizmente remediada por una segunda unión, y no tenía palabras para encomiar la penetración lograda por Lorca en ese radical problema femenino. Acierto subjetivamente sobrevalorado, se dirá. Pero el espontáneo asombro de mi amiga adelantaba lo que después se ha reconocido en el teatro de Lorca: aquella profunda identificación del autor con el sufrimiento íntimo de sus heroínas y con las tensiones por ellas padecidas bajo adversas presiones ambientales que les vedan realizarse. En el centro de su personalidad debió de sufrir también Federico, según parece, frustraciones semejantes. Respetables como cualesquiera otras, abstengámonos de especular acerca de sus características; baste comprender que, acaso por sufrirlas, el teatro lorquiano se incendia de sinceridad.

Aquella primera *Revisión* negativa prefirió criticar los aspectos artísticos y humanos de la dramática lorquiana sin entrar apenas en otras cuestiones. Era, en cierto modo, una crítica existencial. Pero la simultánea irrupción del existencialismo en nuestro panorama cultural pronto alternó con el renacimiento de muy concretas preocupaciones sociológicas. A caballo entre ambas corrientes, la crítica a Lorca se desconcierta aún más, aumenta su aspereza y comienza a ajustar serias cuentas al teatro de Federico. En 1957 —vaya de ejemplo— José María de Quinto publica un artículo cuyo título es ya revelador: *La poesía, ese lío del teatro* [8]. Tras recomendar en él, contra la estética lorquiana, las fórmulas casi naturalistas de Miller y Sartre, asevera:

> El teatro de Lorca —gran parte del teatro poético— es un teatro primordialmente sensorial, teatro de los sentidos que escapa a lo que de sustancial tiene el hombre.

El crítico abundaba, pues, en las acusaciones de Luengo, pero su repudio de la poesía implicaba objeciones sociales más definidas. Al reinstalarse por entonces en la juventud el criterio de que la escena debería ser instrumento crítico de la sociedad, la poesía comenzaba a resultar sospechosa en el teatro; por eso fueron también aquéllos los años en que imperó una poesía lírica voluntariamente prosaica. Y en el drama, se pensaba que cualquier lirismo podía amortiguar la claridad crítica con su «lío» desconcertante. Advertir la positividad de lo poético requería un agudo pensamiento dialéctico, aún embrionario en los esforzados redescubridores de la dialéctica, y el teatro de Lorca viose condenado, por ello, a los dicterios de aquellos urgentes sociólogos. Por la vía que inauguraron marcha después, en un libro fundamental de nuestra escasa bibliografía escénica publicado en 1961, Domingo Pérez Minik, quien habla así de Lorca [7]:

> No existió ninguna inclinación crítica en sus primeras andanzas. Esto es perfectamente sabido. Todo se mueve en un universo perfectamente conservador y bello. Sólo más tarde es cuando el poeta se siente un poco avergonzado de sus trabajos, avergonzado en el mejor sentido de la palabra. Y escribe *La casa de Bernarda Alba,* que expresa de manera rotunda y denunciadora aspectos muy duros de la España trágica.

Calcúlese a qué cotas habría subido la marea adversa al drama lorquiano para que un crítico tan ponderado como Pérez Minik diese por evidente el talante conservador y acrítico de Federico, exceptuando tan sólo, como solía hacerse, su última obra de teatro. Pero son aún más hostiles, cuando no insultantes, otros juicios que circulan a partir de 1960. Las acusaciones de «evasión» y «pérdida de vigencia» se generalizan; desde esa fecha lo insólito empieza a ser el encuentro con un elogio sin reservas. Fidedigno resumen de la situación lo da, en 1963, Angel Fernández Santos, quien escribe [8]:

Pero ahora que García Lorca ha vuelto a esos mismos escenarios donde durante casi treinta años fue ignorado y que sus obras son expuestas al juicio de todo el mundo, hay mucha gente, especialmente entre los miembros de esas citadas generaciones de posguerra, que opinan de su teatro todo lo contrario de lo que antes se decía que simbolizaba. No hay que andar mucho para oír cosas como éstas: el teatro de Lorca es reaccionario; su lenguaje, retórico y vacío; su visión del pueblo es pura mixtificación, muy apropiada para franceses, ingleses y, en general, para todo tipo de turistas.

A lo que añade:

Muchos jóvenes que hace unos años se rasgaban las vestiduras cuando alguien se manifestaba irrespetuoso hacia la figura del poeta han vuelto hoy su opinión del revés y arremeten contra las obras de su viejo fetiche incluso con descarada injusticia.

Buen notario de lo acaecido, nuestro joven crítico denuncia además sin vacilación lo injusto de sus excesos. Tampoco su opinión parece, sin embargo, enteramente favorable al teatro lorquiano, pues concluye con estas prudentes palabras:

La verdadera magnitud de la obra dramática de Lorca sigue, en cambio, siendo oscura, y el que se aclare o no es sólo una cuestión de decisión en los críticos o, tal vez, de tiempo.

Para otros críticos, no obstante, ya estaba clara. En 1964 y en su comentario de *Bodas de Sangre* [9], José Monleón considera al teatro de Federico

> ...desgraciadamente afectado por la gratuidad
> poética y un lirismo casi siempre de efectos con-
> trarios (por ejemplo, las últimas frases de *Bodas
> de Sangre*) a los que pretende el autor.

Puntual noticia de esta victimación española de
Lorca la había dado ya el profesor Murcia, ante un
grupo de prominentes críticos extranjeros, en las
Conferencias de Arras acerca del teatro moderno
celebradas hace unos catorce años [10]:

> En Lorca se explota un aspecto mágico del que
> se alejan progresivamente las jóvenes generaciones
> teatrales españolas, que se sienten atraídas por un
> mundo más racional. Y el teatro de Lorca comien-
> za para nosotros a formar parte de la historia...

¿Qué le ocurría, entre tanto, al prestigio de
García Lorca entre aquellos extranjeros a quienes
tan tempranamente ponía sobre aviso el profesor
Murcia? Para la mayor parte de los asistentes no
hubo sorpresa: expresaron parecidas reservas ante
la dramática lorquiana, como críticos que se res-
petaban. Menos discutido que en España, el teatro
de Federico mantenía, sin embargo, su fama mun-
dial. Pero también suena la voz discordante de un
gran dramaturgo y Jordá, periodista español que
recibe sus palabras, se manifiesta conforme con
ellas. La entrevista se publica en 1962 [11]. Es Adamov quien habla. Y afirma:

> —*Lorca, en cambio, no me interesa nada.*
> Se sorprende —dice el periodista— de que yo
> comparta su opinión.

> —*Mais je croyais que tous les espagnols etaient des* lorquistes.

Y, tras esa ingenua manifestación de asombro, agrega Adamov:

> —*Tampoco me interesa el teatro de Alberti. Ambos son dos maravillosos poetas, pero se detienen ahí.*

Es curioso comprobar la coincidencia del gran escritor con los objetantes españoles en su reserva ante la poesía, aunque ésta sea maravillosa. Otras declaraciones suyas a Ricardo Salvat, publicadas en el mismo año, precisan su pensamiento [12].

> Adamov habla —escribe Salvat— de *Divinas palabras,* de Valle-Inclán, que juzga obra católica, quizá reaccionaria. Yo se lo discuto, no parece convencerse, pero me dice:
> —Admiré mucho su obra, la encuentro de una dureza y está hecha de una manera que me interesa mucho más que Lorca.
> Claro está, me veo obligado a preguntarle por Lorca.
> —No me atrevo a decírselo a un español, pero no me gusta mucho el teatro de Lorca. No creo que sea un teatro riguroso. Por ejemplo, cuando en Brecht hay momentos cantados, poéticos, tienen razón de ser. El paso de las palabras al canto es el paso de la fábula a la enseñanza. En Lorca los poemas que intercala en sus obras no quedan sino en poemas, no están motivados teóricamente.

Podemos preguntarnos si no habla, en realidad, contra sí mismo. Como el converso que, tornado predicador, extremaba en nuestro siglo XVI la discriminación de posibles herejías para probar, y probarse, su solidez teológica, tal vez Adamov repudió en Federico supuestos pecados poéticos porque se avergonzaba de la primera etapa de su propio teatro, saturada de singular poesía. Aquejado por una mala conciencia social saludable en todo hombre de nuestros días, Adamov rompió con el teatro del absurdo y pasó, de sus extrañas «fábulas», al ejercicio de claridades didácticas cercanas a las de Brecht. Al igual que los jóvenes aludidos por Murcia, eligió la racionalidad contra la magia; la lección, no la poesía; la sátira contra el patetismo.

Nuestra joven crítica habría preferido asimismo que Lorca hubiese pasado de la fábula a la enseñanza; una enseñanza poética o prosaica, pero «motivada teóricamente». Y esa tarea recomendará, año tras año, a los nuevos dramaturgos españoles. Mas el tiempo, que para nadie se detiene, vuelve a traer a los oídos más atentos la siguiente pregunta: ¿no se habrá desdeñado con exceso, en la apreciación sociológica del teatro, la operación que entraña el paso de la enseñanza a la fábula, inversa a la preconizada por Adamov?

Es probable que algunos de los críticos citados se la estén formulando. Al recordar sus palabras no era mi intención criticar a la crítica, sino documentar la descripción del antilorquismo a que hemos asistido, cuya rectificación se apunta ya en comentarios más recientes.

VALLE-INCLÁN Y GARCÍA LORCA

Adamov invocó el ejemplo de Brecht como paradigma de crítica social en la escena, pero Valle-Inclán le parecía un reaccionario. Más enterados que él nuestros jóvenes críticos, descubren asimismo el magisterio brechtiano, pero sitúan el de Valle a no menor altura y proclaman el gran hallazgo del esperpento como la fórmula de salvación, estética y social, de nuestro teatro. Por su lucidez crítica y su originalidad estructural, precursoras del propio Brecht, de la vanguardia francesa y de tendencias aún más actuales, los esperpentos se han ensalzado en la medida misma en que se condenaba la dramática lorquiana. Habíanse reconocido siempre, no obstante, claros parentescos entre ambos autores y el influjo de don Ramón en Federico era un tópico de nuestra historia literaria. Pero las diferencias importaban, a favor de Valle, mucho más que las semejanzas, y si Lorca fue en algún grado su discípulo, resultaba ser un mal discípulo, acomodaticio y sensiblero frente a la descarnada sátira del esperpento.

Comparaciones tan desventajosas para Lorca han borrado la verdadera silueta de su dramática, y urge desenterrarla del polvo de equívocos en que está sepultada. Mas, al intentarlo, me importa disipar antes otro equívoco de signo contrario: el del que quiera ver en mis palabras el propósito de situar al dramaturgo Lorca por encima del dramaturgo Valle-Inclán. La estimación de los esperpentos como cumbre teatral del siglo XX y del teatro español de cualquier época es irreversible y a ella soy adicto desde hace muchos años. Pero también creí siempre que debemos atribuir al teatro lorquiano pareja altura y devolverle un reconocimiento que resulte asimismo irrevocable.

Repasemos a toda marcha la teoría del esperpento, ya que los reparos al teatro de Lorca se apoyan en ella más aún que en las obras así bautizadas.

Como es sabido, las tres aportaciones dadas por Valle a la teoría del esperpento se encuentran en *Luces de Bohemia, Los cuernos de don Friolera* y ciertas declaraciones a Martínez Sierra mil veces comentadas [13]. Según su idea, la realidad española sólo puede obtener adecuada expresión literaria a través de una estética deformante, caricatura de una caricatura que, como los espejos curvos del callejón del Gato, nos mostrará la verdad más honda «mediante matemática perfecta». Tarea tan arriscada exige en el escritor el desdén y la elevación: ya no podrá mirar «de rodillas» a sus personajes, según eran contemplados los gigantescos héroes de la Antigüedad, pero ni siquiera podrá mirarlos «en pie», al modo de Shakespeare, reconociendo así la hermandad que a ellos nos iguala, pues se pretende, precisamente, destruir tal hermandad. Deberá observarlos —y describirlos— con fría dignidad demiúrgica, que los juzga desde «el aire» y «sin enternecerse nunca» ante tan deleznables bichejos. Tal es, asegura don Ramón, la mirada de los más grandes creadores hispanos:

Cervantes, Quevedo, Goya... Y ésa es la única mirada que podrá limpiar de embustes y de patriotería la habitual visión enajenada de la sociedad que caracteriza a nuestro teatro.

Se comprende bien que lo radical de la propuesta haya ganado en estos años la adhesión de las generaciones nuevas, más que nunca resueltas a la dura crítica que el país necesita. Aunque, en manos de Valle, el esperpento mostrase una fisonomía algo más cercana al desengañado nihilismo que a la crítica razonada, la mirada demiúrgica que proponía era ya formidable herramienta desenmascaradora de nuestras lacras sociales y de la pequeñez que éstas nos confieren. Esa mirada equivaldría —como antecedente— a la reflexión distanciada de Brecht no menos que al neoexpresionismo de Weiss. Al pasar en sus obras primeras de unas a otras formas de mirar, para culminar en la esperpéntica mirada desde «el aire», Valle habría desarrollado un proceso de responsabilidad creciente ante la realidad, que en Lorca, a primera vista, no era claro. Federico se habría *detenido* en la mirada shakespeariana, sin llegar a comprender, como Valle, que la tragedia, en España y quizá en el mundo, se ha vuelto inadecuada para despojar al torso vivo de los problemas que afronta, del velo retórico con que ella misma lo recubre.

¿Describen tales asertos con objetividad la realidad del esperpento y de la tragedia lorquiana?

En alguna ocasión he escrito que el esperpento de Valle-Inclán es bueno porque no es absoluto, y en cierto trabajo a él dedicado procuré precisar la sutil diferencia entre teoría y práctica que, detenidamente observados, parecen mostrar los esperpentos de Valle [14]. De espaldas a sus terminantes recomendaciones, diríase que la mirada «en pie» se desliza en el contexto de sus esperpentos más duros, sustituye de tanto en tanto a la displicente mirada desde «el aire» y aproxima al autor, no menos que a los espectadores o lectores, al dolor y a la estatura, de nuevo humanos, de algunos personajes. Esta mirada súbitamente fraterna, que comporta respeto y piedad, contradice sus teorías, pero revela el talento supremo de don Ramón: es el contrapunto trágico que adensa sus grotescas sátiras.

La noción más difundida del esperpento de Valle no tiene en cuenta, sin embargo, esa mirada. No serían esas obras maestras lo que de hecho son, sino lo que sus comentadores quieren que sean: más que esperpentos, supraesperpentos. Y se niega, o se ignora, su recatada piedad. La inteligente y aún cercana escenificación de *Luces de Bohemia* realizada por Tamayo hubo de sufrir reparos porque, mediante ciertos perfiles asainetados, costumbristas y sentimentales, tuvo presente esa mirada «en pie». Algunos de los sabios doctores en Esperpéntica que proliferan por todos lados consideraron erróneo ese acierto, y más de una revista recogió la objeción como voz de la calle. Tales blanduras contradirían la esencia del esperpento; representarían la relativa concesión del director a un público todavía incapaz de digerir, sin algunas dulces copitas de ternura, el tremendo condumio. Y si el partidario de una virulencia escénica sin paliativos era lo bastante avisado como para percatarse de que la mirada «en pie» se hallaba en el propio texto de Valle, la deploraba como la leve inconsecuencia de un gran autor que, sin ella, sería perfecto. Pues la perfección esperpéntica vendría a ser, para estos radicales de la expectación, la befa total: los muñecos del compadre Fidel. En otras palabras: *La reina castiza* —que es una farsa— y no *Luces de Bohemia* —donde el anarquista preso, la madre que estrecha el cadáver de su hijito y el propio Max, en diversos momentos, subrayan con su dolor sin caricatura el disparate general que los rodea. Irritado por el esperpento auténtico que también a él le rodea; consciente de la necesidad de hondas transformaciones sociales que superen la carnavalada, el espectador a que me refiero reprueba lo que no parezca ofrecer eficacia crítica inmediata y, confesadamente o no, valora ante todo cada obra de arte por lo que puede tener de arma. Y el arte, cierto, es un arma; acaso la más irresistible que el hombre ha forjado. Pero no un arma contundente, pues apenas posee esa fuerza que algunos le atribuyen, sino un arma penetrante.

Lleno de zumba ante el esteticismo de la tragedia lorquiana, el espectador en cuestión opta por el esperpento de Valle y le rinde así un flaco homenaje; pues la contundencia que en él aplaude es más aparente que real —cohetería de frases cuyo fuego estalla y se extingue—, mientras que su mal advertida penetración es inmensa.

Mas, por el momento —un momento de veinte años—, esta imagen desaforada del esperpento gana la batalla literaria a la tragedia de Lorca y afecta en parte a la bibliografía dedicada a ambos autores.

GARCÍA LORCA ANTE EL ESPERPENTO

¿Cuál fue la reacción del propio Lorca ante el esperpento?

Dos aexplícitas afirmaciones del poeta prueban su admiración, al parecer sin reservas, al género creado por Valle [15]: el gran dramaturgo que es Federico reconoce sin vacilar al gran dramaturgo gallego, no obstante las discusiones que ponen en duda la teatralidad de éste. En 1927 Manuel Machado publica la siguiente declaración de Lorca referente a *Mariana Pineda* [16]:

> Yo veía dos maneras de realizar mi intento: una, tratando el tema con truculencias y manchones de cartel callejero (pero esto lo hace insuperablemente don Ramón) y otra, la que he seguido, que responde a una visión nocturna, lunar, infantil.

En entrevista concedida a Francisco Pérez Herrero en 1933 es aún más rotundo. No sale de ella ileso Valle-Inclán: injusticias y acritudes inevitables entre generaciones literarias asoman esta vez en las palabras de Federico. Mas, por contraste, su loa del esperpento es definitiva. El periodista pide

la opinión de Lorca acerca de don Ramón como
poeta y recibe esta respuesta [17]:

> Detestable. Como poeta y como prosista. Salvan-
> do el Valle-Inclán de los esperpentos —ese sí, ma-
> ravilloso y genial— todo lo demás de su obra es
> malísimo. Como poeta, un mal discípulo de Rubén
> Darío, el grande. Un poco de forma... de color...
> de humo. Pero nada más. Y como cantor de Ga-
> licia algo pésimo, algo tan falso y tan malo como
> los Quintero en Andalucía. Si te fijas, toda la Ga-
> licia de Valle-Inclán, como toda la Andalucía de
> los Quintero, es una Galicia de primeros términos:
> la niebla... el aullido del lobo...

¿Demuestran estas declaraciones que Lorca
abate banderas ante el esperpento? Así parece,
pero la cuestión es más compleja. Si resulta dudoso que el resto de la obra de Valle fuese para él
tan detestable como lo afirmó en aquellas apasio-
nadas palabras, aún es más dudoso que la fórmula
esperpéntica ganase su aprobación incondicional.
Sus explicaciones acerca de *Mariana Pineda* —tragedia romántica dotada de cierta carga crítica,
pero que evita deformaciones— expresan ya el
propósito de no seguir el camino de don Ramón.
¿Tan sólo por abrir el de su propia originalidad?
Creo vislumbrar en su teatro indirectas alusiones
al esperpento que contradicen, reticentes, los en-
tusiasmos a éste dedicados en las dos declaraciones anteriores: señales que permitirían interpretar la obra dramática lorquiana como una *réplica*
a la teoría esperpéntica. Si así fuere, Lorca habría
reaccionado de dos maneras ante los esperpentos

de Valle: proclamando su genialidad, pero sometiéndolos a discusión más profunda —y por ello, más auténtica— en la entraña misma del quehacer propio. Veámoslo.

Cuando se inicia, en 1919, la dramaturgia de Lorca, van a asomar los primeros débiles indicios del esperpento en las obras que Valle publica en el mismo año, pero la teoría esperpéntica aún no se ha formulado. La atmósfera lúdica de *El maleficio de la mariposa* es shakespeariana: Lorca dice en su prólogo que le ha contado la historia «un viejo silfo del bosque escapado de un libro del gran Shakespeare». Por su parte, Valle-Inclán transitaba todavía por rutas semejantes, tanto en su teatro risueño como en el sombrío. Después de las dos primeras y ya lejanas *Comedias bárbaras* había vuelto a ensayar resueltamente, en 1912, la tragedia shakespeariana con *El embrujado*. Mas esta obra debió de representar para su autor, si nos atenemos a ciertos indicios, una crisis definitiva. Crisis externa, desencadenada por las constantes incomprensiones y dificultades padecidas por su teatro, que culminan en la malograda tentativa de estrenar *El embrujado*; pero, sobre todo, crisis interior. A despecho de sus grandes valores, esta «tragedia de tierras de Salnés» adolecía de insuficiencias dramáticas que tal vez su propio creador entrevió y que le inclinarían a abandonar para siempre la senda de la tragedia shakespeariana. De la profundidad de esta crisis puede dar idea la prolongada pausa que sufre su actividad de escritor teatral, de ordinario mucho más continua: de

El embrujado a su siguiente probatura escénica, que es *La enamorada del rey,* transcurren siete años. Acontecimientos de nuestra corrompida vida política influirían también, sin duda, en tan duradera crisis y reforzarían su creciente convicción de que el humanismo de sus tragedias anteriores no se adecuaba a la consecución de un teatro crítico. Y así sobreviene, tras su larga infecundidad teatral, la explosión creadora de los años 1920 y 1921. A *La enamorada del rey* suceden *Divinas palabras, La reina castiza, Luces de Bohemia* y *Los cuernos de don Friolera.* El gran toro del esperpento ya está en la plaza, y la regla de oro de la nueva tauromaquia literaria ante el cornúpeta ibérico brilla en *Luces de Bohemia*: «El sentido trágico de la vida española sólo puede darse con una estética sistemáticamente deformada.»

Acorde con esta afirmación, el trueque de la tragedia por el esperpento suele entenderse hoy como una *necesidad objetiva* de nuestro teatro, impuesta desde entonces por las vicisitudes sociales españolas a todo escritor responsable. Pero, admitiendo el papel desempeñado por éstas en su génesis, conviene preguntarse si el esperpento no habrá sido una necesidad *subjetiva* de Valle, que no obliga a los demás autores ni supera forzosamente, desde el punto de vista crítico, a otras formas expresivas.

Federico leería en la década de los años veinte las farsas preesperpénticas y los primeros esperpentos de don Ramón, pero la teoría en éstos desplegada, a pesar de los elogios antes transcritos, no

debió de seducirle. Estrenada en 1925, su *Mariana Pineda* no quiere ser esperpéntica, sino lunar,
nocturna e infantil. Calificada por su autor en
1929 de «obra débil de principiante», que ya no
respondía a su criterio dramático, no es todavía,
por cierto, un buen ejemplo de lo que el teatro
lorquiano llegará a ser. Pero si, a consecuencia de
la crisis de *El embrujado,* Valle declara muerta la
tragedia pura, Lorca intentará demostrar más adelante con las suyas que, en otras manos, mantiene
su vigencia como expresión profunda de nuestra
sociedad.

La oposición de ambos criterios se desarrolla
sin polémica, al menos pública. Federico se abstiene de censurar los esperpentos que, a no du-
darlo, admira. Pero algunos pormenores de sus
obras parecen traslucir, según he indicado, indirectas réplicas a ese género literario. Una diver-
gencia natural de sensibilidad —la andaluza frente
a la gallega— aleja al teatro entero de Federico
del de don Ramón; pero es presumible que en
esa discrepancia se configuró, además, un medi-
tado antagonismo intelectual. Al finalizar *Los
cuernos de don Friolera* denuncia Don Estrafalario «el vil contagio» del pueblo por la mala literatura en la melodramática versión de la historia del
carabinero cornudo que, en un calcinado pueble-
cito del sur, salmodia en su romance un ciego andaluz. Y Don Estrafalario sentencia que el fresco
humor galaico-cántabro del ciego Fidel en el hú-
medo ambiente de Santiago el Verde, cuando glo-
saba de tan opuesto modo la misma historia al

principio de la obra, es el que salvará al teatro. Difícil parece que se le escapase a Federico esta ironía del gran autor gallego ante el fondo dramático de Andalucía; la lectura del prólogo y el epílogo del extraordinario esperpento bien pudo ser, por ello, el primer espolazo que le animó a demostrar, contra el compadre Fidel, que también el teatro español podía salvarse revelando las agonías del corazón andaluz.

Aspectos muy concretos de sus obras corroboran el sentido polémico que, frente a Valle, puede atribuírseles. En una acotación de *La zapatera prodigiosa,* que es su más garbosa farsa, se lee lo siguiente:

> Aparece en la puerta el Mozo de la faja y el sombrero plano del primer acto. Está triste. Lleva los brazos caídos y mira de manera tierna a la zapatera. Al actor que exagere lo más mínimo en este tipo, debe el director de escena darle un bastonazo en la cabeza. Nadie debe exagerar. La farsa exige siempre naturalidad. El autor ya se ha encargado de dibujar el tipo y el sastre de vestirlo. Sencillez.

Así lo escribe Federico en 1930, cuando la fórmula esperpéntica lleva diez años de circulación. Y lo dice en una obra donde otra suerte de compadre Fidel —el zapatero, en funciones de trujamán— recuerda y se opone a un tiempo a la criatura de Valle: si el socarrón Fidel da su versión guiñolesca de las peripecias del Teniente Astete, el zapatero metido a feriante incluye su propia historia en el ámbito de la farsa mediante un romance popular cuya estética y estilo recuer-

dan mucho a los del romance que cierra el esperpento de *Don Friolera*. Pero Lorca evita en su
romance el malicioso aire paródico que Valle da al
suyo. Con su similar estructura de «teatro en el
teatro» la semejanza de ambas obras esconde,
pues, sutil contradicción. Valle nos dice en *Don
Friolera* que el sentido final de la obra lo resume
el desenfadado guiñol del bululú y no el altiso-
nante romance popular que la termina: Lorca
decide rehabilitar al ciego de su tierra que lo
recita, denigrado por Valle, y, al hacerlo, rebate
de hecho el esbozo teórico del esperpento. En
medio de la gracia desbordante de su «Farsa
violenta», el romance del zapatero avisa grave-
mente del auténtico peligro de drama que un
matrimonio como el suyo, de intimidad difícil,
conlleva, y los mozos que se apuñalan mientras
él lo declama corroboran la facilidad con que
puede transformarse en tragedia la farsa más
ligera. La intención de *La zapatera prodigiosa*
sería, por consiguiente, opuesta a la del esperpento: éste, con su ciego Fidel, achicará la magnitud
humana de los personajes mostrando, aunque pretenda superar el dolor y la risa, lo ridículo de sus
percances; la farsa lorquiana procura, por el contrario, transparentar la dimensión trágica de los
suyos y la complejidad del arduo amor que los
encadena. Considero, pues, muy probable que *La
zapatera* se escribiese bajo el directo recuerdo de
Don Friolera y *contra* su teoría esperpéntica. Sólo
un análisis más detenido de ambas obras, que tal
vez ninguno de los dos autores abordó, suavizaría

la soterrada polémica que las enfrenta y las tornaría a aproximar. Pues, según se ha indicado, tampoco este esperpento de Valle es absoluto, y la fábula de don Pascual, doña Loreta, Pachequín y la niña inocente guarda velados alcances trágicos que la distancian de la jocunda sorna de Fidel. Pero ni éste, con su guiñol, ni su creador, en la historia *diferente* que tras él nos cuenta, habrían desaconsejado exageraciones burlescas: los muñecos del ciego han de ser exagerados y los personajes de la historia de don Friolera deberán ser, según Valle, muñecos. Al recomendar que no se exagere, la acotación de *La zapatera* que anoto está desautorizando la estética esperpéntica.

Otro indicio del probable antagonismo de Lorca al respecto parece asomar en cierta pregunta del joven protagonista de *Así que pasen cinco años*. Refiriéndose a su imagen interior de la mujer amada, dice este personaje:

> Pero de pronto, ¿quién le cambia la nariz o le rompe los dientes o la convierte en otra llena de andrajos, que va por mi pensamiento como si estuviera mirándose en un espejo de feria?

Publícanse estas palabras en 1931. ¿Habría aludido Federico a los grotescos espejos de las ferias sin la previa referencia de Valle a los de la calle del Gato? Pienso que no, y que Lorca insinúa en la suya otra recóndita objeción al esperpento. Pues si su personaje reconoce la existencia de tales deformaciones especulares, lo hace *para deplorarlas*. No las considera satíricas, sino inquietantes; no racionalizan el empequeñecimiento de la mujer querida al ser mirada con ojo demiúrgico, sino que acentúan la rareza profunda, el misterioso deterioro de una feminidad cambiante cuya estatura no mengua; describen una amarga decepción, tal vez biológica, experimentada por la sensibilidad del protagonista, no una reducción de su amada. Lorca está diciéndose a sí mismo que ni siquiera los espejos deformantes achatan el enigma humano y que utilizarlos para una función meramente desenmascaradora puede resultar, por consiguiente, falaz. Hállase, pues, cerca de una meditada opción en cuanto a los modos de captar la realidad, que será firme en sus tragedias posteriores.

Entiéndase bien que no por ello rechaza la caricatura ni la farsa popular. En 1931 da a conocer también *Don Perlimplín* y el *Retablillo de don Cristóbal*; en 1928 trabaja ya en *Los títeres de cachiporra*. Las dos últimas son irónicas farsas de guiñol, como lo fueron *La marquesa Rosalinda* y *La enamorada del rey,* de Valle. Pero si éste parte de la farsa para llegar al esperpento a fin de encontrar *su solución* del problema de lo trágico, Lorca dibuja ya en *Don Perlimplín* un conato de tragedia patética mediante una situación de cornudo paternal que no es bufa —como pretende serlo la de don Friolera—, sino angustiosa, como lo era asimismo, bajo risueñas superficies, la de *La zapatera prodigiosa*. A la farsa de don Perlimplín y Belisa, que termina con un suicidio, llamóla Federico «boceto de un drama grande». Y para aclarar sus opiniones acerca del uso de la reducción grotesca, dijo también de ella:

> Lo que me ha interesado en don Perlimplín es subrayar el contraste entre lo lírico y lo grotesco y aun mezclarlos en todo momento.

Propósito, se podría pensar, cercano al del esperpento, pero que encubre una radical diferencia: la afirmación de lo lírico. Por debajo de externas semejanzas, también esta obra ejemplifica la oposición de Lorca a Valle a través de su tensión poética y trágica. Oposición, no se olvide, a la doctrina esperpéntica más que a las obras mismas; aunque tal vez Federico, despistado por la doctrina no menos que algunos posteriores partidarios de ésta, creyera oponerse a las obras.

Sus tragedias rurales serán más tarde, en su solapada discusión con el esperpento, respuestas concluyentes. Y cuando alguno de sus aspectos roce lo grotesco —por ejemplo, la madre loca en *La casa de Bernarda Alba*—, el autor cuidará de preservar su misterioso lirismo y su densidad humana.

Aún podemos encontrar en una de esas tragedias otra acotación probablemente originada por su preocupación frente a Valle. Al describir en *Yerma* las dos máscaras populares de la romería final, advierte con énfasis:

> No son grotescas de ningún modo, sino de gran belleza y con un sentido de pura tierra.

Y así las presenta en el escenario del Español, en 1934, año en que unas declaraciones suyas a Juan Chabás refrendan su decisión de crear tragedias, abandonando incluso la farsa. Dice en ellas, refiriéndose a *Yerma,* que es

> ...una tragedia con cuatro personajes principales y coros. Como han de ser las tragedias. Hay que volver a la tragedia. Nos obliga a ello la tradición de nuestro teatro dramático. Tiempo habrá de hacer comedias, farsas. Mientras tanto, yo quiero dar al teatro tragedias.

La evidencia de la tragedia campesina de su tierra, la intuición del tiempo trágico que se avecinaba, ¿no serían las causas de esta resolución, antes que la discutible tradición trágica de nuestro teatro? Conocidas manifestaciones suyas, correspondientes a aquellos años, acerca de las injusticias sociales y de la responsabilidad del teatro ante ellas, parecen confirmarlo. Y si la realidad que percibe es ya demasiado grave para responder a ella con la sonrisa de la farsa, probablemente piensa que tampoco basta con el escarnio del esperpento para glosar tan sobrecogedor panorama.

La declaración a Chabás parece contradecirse, sin embargo, con aquella otra, del mismo año, alusiva a *Doña Rosita la soltera:*

> Será —dice— una pieza de dulces ironías, de piadosos trazos de caricatura; comedia burguesa, de tonos suaves, y en ella, diluidas, las gracias y las delicadezas de tiempos pasados y de distintas épocas...

Pongamos entre paréntesis la supuesta contradicción, cuyo análisis sería largo y tal vez nos
demostraría que también con Lorca, como con
Valle, hay que atenerse a las obras antes que a las
explicaciones de sus autores. Un hecho rotundo
resuelve la aparente inconsecuencia: aunque la
protagonista sobreviva, también *Doña Rosita* es
una tragedia, y acaso la más desgarradora de cuan-
tas escribió Federico. Entreverada, eso sí, de
caricatura, como su autor nos ha dicho, y obligado
es señalar que en ninguna otra de sus obras
anduvo Lorca tan cerca de la honda realidad del
esperpento. Pero si su descripción de *Doña Rosita*
incurre en inexactitud al calificar a obra tan cruel
de «comedia burguesa, de tonos suaves», nos
sirve para comprobar que con sus «*dulces* ironías»
y sus «*piadosos* trazos de caricatura» no quiso
encabritar al esperpento que la obra encerraba.
Y es que respeta demasiado a sus principales
personajes para transformarlos en marionetas;
le sería imposible, pues siente sus dolores como
propios... y quizá lo son. En el instante de
mayor befa, ni quiere ni puede prescindir de la
mirada «en pie». Y con ella corrobora una
esencial verdad: que la ternura no ablanda la
tragedia y que la compasión, lejos de eliminar
su honda crueldad, la revela poderosamente.
Ese es también, a mi ver y según ya he explicado,
el último secreto del esperpento. Y por eso entre
los de Valle, con su no declarado contrabando de
piedad, y las cuatro grandes tragedias de Lorca,

reivindicadoras ante don Ramón de la mirada shakespeariana, suscítase inesperada armonía.

Otros estudiosos apuntaron ya muchas veces, en relación con el carácter trágico del teatro lorquiano, la huella de Shakespeare que trasluce. Mas no, que yo sepa, la reacción discrepante que implica ante la teoría de miradas esbozada por Valle-Inclán para propugnar la visión desde «el aire»; clave, en mi opinión, necesaria para la exacta comprensión del teatro de Federico.

En su intento de restituir grandes realidades trágicas a la escena, ¿consigue, empero, nuestro poeta logros incontestables? Todos sabemos que su propósito es la tragedia, pero no todos creen que las logre. Y si yerra el propósito, carecerá de razón en su íntima controversia con el esperpento. ¿Alcanzó su teatro plenitud trágica?

El análisis literario no puede dar todavía soluciones concluyentes al problema de los juicios de valor. Persuadido de que las tragedias lorquianas son cumbres del género, sé que probarlo es tan difícil como demostrar lo contrario. Procuraré, sin embargo, desbrozar un tanto la intrincada cuestión.

Críticos eminentes han conferido entidad trágica al teatro de nuestro gran poeta: Guillermo de Torre, por ejemplo, lo afirma en las siguientes palabras [18]:

> Esas obras reanudan el sentido auténtico de la tragedia, no sólo por la intervención de personajes que equivalen al coro, sino porque los trozos líricos en que se manifiestan —particularmente en

Bodas de sangre— vienen a ser los «solos» musicales que Eurípides ponía en sus tragedias.

La observación es interesante, pero lo que comenta es una semejanza morfológica. La verdad trágica del teatro lorquiano habrá de fundarse en indicios de mayor peso. Uno hay, a mi juicio, decisivo; para que se pueda calar en su significación, conviene antes fijar algunas ideas respecto a la noción de la tragedia.

CONCEPTO DE LO TRÁGICO

Numerosas veces he expuesto mi convicción de que el meollo de lo trágico es la esperanza [19]. Afirmación es ésta abruptamente opuesta a la general creencia de que, mientras hay esperanza, no hay tragedia. La tragedia equivaldría, justamente, a la desesperanza: el hado adverso destruye al hombre, la necesidad vence a sus pobres tentativas de actuación libre, que resultan ser engañosas e incapaces de torcer el destino. Y si eso no sucede no hay tragedia. Un héroe trágico lo es porque asume esa verdad, y en comprenderla reside la única grandeza que le es dable alcanzar ante la desdicha y la muerte. Tales son los más corrientes asertos, que los helenistas, por su constante cercanía a los textos griegos, no suelen respaldar; pero que han sido aprobados por los teóricos de la literatura como generalizaciones evidentes.

Bastarán unos pocos ejemplos descollantes para comprobar hasta qué punto el concepto de lo trá-

gico ha cristalizado en estas supuestas quinta-
esencias.

Fue Goethe el más ilustre enunciador de esta
radical concepción de lo trágico. Las palabras con
que la formuló, dirigidas al canciller von Müller,
se han vuelto axiomáticas [20]:

> Todo lo trágico descansa en una antítesis irre-
> conciliable. En cuanto surge la solución o se hace
> posible, desaparece la tragedia.

Jaspers reproduce la famosa sentencia en su
estudio de la tragedia [21], para definir luego por su
cuenta la reconciliación como «una superación de
lo trágico». El uno tras del otro eliminan, pues,
toda reconciliación de la tragedia, chocando con
la embarazosa evidencia, que comentan pero no
resuelven, de que Zeus y Prometeo se reconci-
liaban, al final de la trilogía esquílea, en una
obra a la que los helenos daban también el in-
equívoco nombre de tragedia, como se lo dieron
asimismo a la gran tragedia reconciliadora de *Las
Euménides* en la trilogía de *La Orestíada*.

Bajo la autoridad de Goethe, cuyas frases reconoce también como fundamento de su estudio,
el notable filólogo austríaco Albin Lesky pretende
soltar así el nudo de la cuestión [22]:

> La obras como las trilogías de Esquilo con fina-
> les de reconciliación no se adaptan a la definición
> de lo trágico dada por Goethe, porque esta defi-
> nición sólo apunta hacia el conflicto absolutamen-
> te trágico. Sin embargo, les damos el nombre de
> tragedias, y no lo hacemos solamente para indi-

car que forman parte de un género de la literatura clásica, sino también a causa de su contenido trágico, que dentro de estas piezas se presenta en su situación trágica.

Así que, según él, debemos llamar tragedias a esas obras conciliadoras aunque no son *absolutamente* trágicas —Goethe quedaría malparado si lo fuesen—; pero son trágicas, no obstante, por poseer situaciones trágicas... a las que no sabemos cómo se atreve a llamar así, ya que tampoco lo debieran ser para Lesky si no desembocan en un conflicto sin salida. Otros párrafos del libro nos confirman que el sabio profesor, fascinado por su idea previa, no puede superar la incongruencia. Y por el mismo camino de Lesky —abierto por Goethe— marchan casi todos los modernos definidores de la condición trágica. Sus desarrollos, a menudo brillantes, muestran la enfermedad típica del ideólogo, consistente en mutilar la realidad para encajarla en el lecho de Procusto de sus esquemas racionales. En este caso, en el aserto goethiano, convertido en verdad irrefutable a causa de la genialidad de quien lo formuló. Aserto, nótese, cuya consecuencia inmediata es que el conflicto trágico, al no tener remedio, conlleva la ausencia de esperanza.

Ha llegado a ser tan universal este prejuicio, que de él no ha escapado ni la lúcida mente del recientemente fallecido Lucien Goldmann. Veamos lo que dijo al respecto el gran filósofo en *Le dieu caché* [23]:

Visto desde dentro, el pensamiento trágico es
radicalmente *ahistórico* precisamente por faltarle la
principal dimensión temporal de la historia: el
porvenir. La negativa, en la forma absoluta y radical que adopta en el pensamiento trágico, sólo
tiene una dimensión temporal: el *presente*.

Y en el resto de su tratado se insiste una y
otra vez en que «el pensamiento trágico es extra-
ño a toda idea de progreso» y en que, si bien
prefigura la estructura de la dialéctica, «la visión
dialéctica es precisamente *la superación de la tragedia*». También Goldmann negó a lo trágico, por
consiguiente, el dinamismo de una esperanza rea-
lizable.

La operación mental que estos pensadores re-
piten es, pues, la de extraer un ideal sentido de
lo trágico, absoluto, estático y desesperanzado,
de grandes tragedias donde el movimiento de la
esperanza hacia un final liberador no es accidental
sino esencial, como veremos en seguida [24].

En relación con el problema de la esperanza
trágica es obligado recordar un admirable libro
español cuyo autor está presente. *La espera y la
esperanza* [25] no es título eludible en estas reflexiones, y confío en que nuestro dilecto amigo Pedro
Laín Entralgo recibirá con benevolencia un comentario que no pretende diferir, sino extenderse
en el examen de una parcela por él ya acotada.
No podía faltar, en tan completo estudio acerca
del esperar humano, la conexión del tema con
la tragedia helénica. Con su habitual claridad
expositiva explica Laín cómo la *elpís* griega signi-

ficaría un esperar, confiado o medroso, mas no una esperanza radical.

> Desde sus mismos orígenes —nos aclara— fue animoso y abierto a la aventura el pueblo griego. No supo ser, sin embargo, ni siquiera en sus momentos de mayor brío histórico, un pueblo esperanzado; no conoció por sí mismo la íntima certidumbre de un futuro entera y definitivamente glorioso y feliz.

El sentido cíclico del tiempo que posee a los helenos, dícenos Laín, les veda la apertura a una esperanza real. Y ello es exacto, como expresión de la diferencia entre el mero esperar y la esperanza escatológica a que consagra su libro. Pero su sagacidad advierte, en diversos lugares de la obra, las degradaciones que ni siquiera la más confiante esperanza puede dejar de sufrir: la «difianza» oculta en ella. Y el fenómeno, complementario e inverso, de la esperanza siempre latente en el desesperar. Por eso, después de referirse a Heidegger, Sartre y Camus como representantes de la creación desesperada, anota justamente:

> Pero en el seno de esa creadora angustia habitual no ha dejado nunca de brillar una chispa de esperanza.

Si así les acontece a estos modernos espectadores de un espantoso mundo sin sentido, es claro que a los remotos padres de la tragedia, inmersos en convicciones más positivas, les sucedió, al menos, lo mismo. Ni siquiera el sentido cíclico del tiempo, por mucho que gravitase sobre los griegos, apagaría en ellos esa «chispa de esperanza». Sabido es que la tragedia simbolizaba el ir y venir del ciclo vegetal: la muerte de Dionisos para volver a resucitar, pero también para morir, una y otra vez. Por lo tanto y al parecer, un círculo cerrado. ¿Sin esperanza de apertura? Las trilogías de Esquilo; algunas de las tragedias con desenlace conciliador de Sófocles y Eurípides, terminan —metafóricamente— en resurrección y no en muerte. Perdida su implacabilidad, el destino experimenta en ellas una superación *dialéctica*. También los griegos, por consiguiente, anhelaban un futuro abierto y abrigaban la esperanza de liberaciones. Sentíanse, cierto, apresados en el círculo trágico; pero la angustiada vivencia de ese encierro les conducía a imaginar la conversión del círculo en espiral. Salvador —*Zeus soter*— llamaron al mayor de sus dioses. Ante el terror del ciclo, los Misterios órficos y eleusinos erigían salvaciones para los iniciados, y la tragedia no era sino la expresión escénica paralela de tales ritos. Si nada de ello borra el carácter precario de la *elpís* helénica, autoriza, sin embargo, a situar en ésta el verdadero problema que fundamenta la tragedia. Problema, eso sí, lejano a toda afirmación confiada; si tantas veces se ha identificado la tragedia con la desesperanza, no es porque la esperanza se halle ausente de ella, sino por ser la desesperanza su cara negativa, que asomará, invasoramente en ocasiones, cada vez que la esperanza surge. En esa tensión ambivalente que es, no lo olvidemos, dialéctica y dinámica, la des-esperanza —palabra compuesta y subordinada, simple reverso— nos remite a la esperanza como final sentido de lo trágico, aunque consista en una esperanza desesperada.

Abona lo antedicho la significativa función que, en las tragedias áticas, desempeñan la palabra *elpís* y sus derivadas. No soy helenista y los problemas filológicos que ello entraña quedan fuera de mi competencia. Pero ya el encuentro con esa palabra, citada como clave de la vida humana, en los comienzos de una de las más antiguas tragedias que conservamos, da mucho que pensar. En la memoria de todos está el fragmento de *Prometeo encadenado* donde aparece [26]:

> PROMETEO.—Por mí han dejado los mortales de mirar con terror a la muerte.
>
> CORO.—¿Y qué remedio encontraste contra ese fiero mal?
>
> PROMETEO.—Hice habitar en ellos la ciega esperanza.
>
> CORO.—Grande bien es ése que dispensaste a los mortales.

¿Es un ser sin esperanza quien la nombra? ¿Son trágicas las palabras de Prometeo porque engañó a los hombres con un señuelo que a él ya no le confunde? La obra entera rechaza esta interpretación, que el propio Coro desmiente, luego de los anteriores versos, cuando inquiere de Prometeo algo que considera posible:

> CORO.—¿Cuál es tu esperanza?

Guardémonos de suponer que el encadenado titán menosprecia la esperanza que regaló a los mortales porque la llame «ciega». Esa hipótesis primaria apoya, sí, la concepción de la tragedia como desesperanza. Consideradas más despacio las afirmaciones prometeicas descubren, sin embargo, otro sentido: no el de que toda esperanza sea ciega y deleznable para una mente desengañada, sino el de que los hombres, ciegamente esperanzados en los inicios de su aventura terrenal, veríanse impulsados, por el sano empujón de su esperanza aún ingenua, al desarrollo de una esperanza que abriese los ojos. Prometeo mismo alimenta esperanzas, y no precisamente ciegas, sino fundadas en una predicción anterior. Cuando Esquilo habla por su boca de la «ciega esperanza», no incurre en ironía trágica; abre la pista del gran problema que en *Prometeo, portador del fuego,* enseñará su auténtica fisonomía. Pandora —narró Hesíodo— ha dispersado por el mundo los males sin cuento de su caja, pero de ella saca Prometeo la esperanza y entrega a los hombres el bien supremo que les ayudará a luchar, no a resignarse. Y las tragedias describen, desde Esquilo, el perenne conflicto entre los infortunios que nos acosan y la esperanza que los combate, ciega tal vez al nacer, mas no por errónea sino por resuelta. No son las tragedias acatamientos al destino ineluctable, sino tensas discusiones de sus enigmáticas falacias. Y empezar a preguntarse por el destino es comenzar a vencerlo. Y a negarlo...

En la descripción de ese ardiente conflicto, se

comprende, no obstante, que la desesperanza se
haya identificado a menudo, como envés del humano esperar, con la noción de la tragedia, oscure-
ciendo el primordial sentido de ésta. Famosa es
la definición que se lee en una tragedia contem-
poránea, la *Antígona* de Anouilh, donde el Coro
asevera [27]:

> En el drama, con sus traidores, la perfidia en-
> carnizada, la inocencia perseguida, los vengadores,
> las almas nobles, los destellos de esperanza, resulta
> espantoso morir, como un accidente. (...) La tra-
> gedia es tranquilizadora porque se sabe que no
> hay más esperanza, la cochina esperanza; porque
> se sabe que uno ha caído en la trampa. (...) En el
> drama el hombre se debate porque espera salir de
> él. Es innoble, utilitario. Esto es gratuito, en cam-
> bio. Para reyes. ¡Y, por último, nada queda por
> intentar!

Implacables palabras que tal vez habrían aplaudido Racine y Goethe, con las que parece oblite-
rarse la secular especulación acerca de lo trágico.
Veinticinco siglos después de que la esperanza
invocada por Prometeo inaugurase la magna cuestión, Dionisos muere, para no resucitar, en el texto —admirable por lo demás— de un agudo fran-
cés no muy dionisíaco y buen heredero de la tradición racionalista del siglo XVIII. La tragedia, según
él, ignora la esperanza, y si encierra pasión, será
una pasión fría, pues nadie se debate contra lo
irreparable. La tragedia «caliente» es una engañi-
fa: drama, o acaso melodrama. Estas definiciones
han logrado fortuna; tan grande es su seducción

intelectual. Pero chocan sin remedio contra las esperanzadas tensiones, cuajadas de ayes y de lágrimas, de las tragedias griegas, las shakespearianas y tantas otras.

Si bien para negarla, la presencia en el texto de Anouilh de la palabra esperanza acredita la persistencia del problema en el ámbito trágico. Si su *Antígona* es una gran tragedia, no lo es por negar la esperanza, sino porque, al denostarla, no puede dejar de tenerla en cuenta.

Su heroína, sin embargo, no es ya una mujer desesperada, sino carente de esperanza. Y lo mismo les sucede a otros protagonistas de numerosas tragedias que concluyen, al parecer, en helada desesperanza. Pese a cuanto antecede, ¿no representarán estas obras la esencia de lo trágico, parcialmente diluida en aquellas otras donde las pugnas de la esperanza y los desenlaces liberadores se inmiscuyen? Aparte de la ya indicada progresión de la esperanza trágica hacia los finales conciliadores que vemos en algunas de las más grandes tragedias, hay todavía una razón para rechazar la sospecha: la desesperanza nunca se mantiene al mismo nivel durante la obra entera ni aun en las tragedias más «frías», cuyo final funesto es consecuencia de situaciones intermedias donde, en algún grado, actuaron congojas esperanzadas.

Consecuencia de todo lo antedicho es que el significado final de una tragedia dominada por la desesperanza no termina en el texto, sino en la relación del espectáculo con el espectador; lo cual, por lo demás, es obvio en cualquier forma de teatro. La desesperanza no habrá aparecido en la escena para desesperanzar a los asistentes, sino para que éstos esperen lo que los personajes ya no pueden esperar. Pese a la afirmación de Goldmann, la tragedia es dialéctica: lo son de modo explícito las que describen la dialéctica conciliadora de los contrarios, motivada por actos y reflexiones libres que desatan el nudo de la necesidad; pero lo son asimismo, de modo implícito, aquellas donde la conciliación no sobreviene, pues les están pidiendo a los espectadores las determinaciones que ellas no muestran. He escrito en ocasiones anteriores que toda tragedia postula unas *Euménides* liberadoras, aunque termine tan desesperadamente como *Agamenón*. Acaso el mismo autor escriba esas *Euménides,* como hizo Esquilo; y cuando el autor no las escriba, el espectador habrá de imaginarlas. No otro ha sido el hondo propósito del autor, incluso si le faltó la conciencia de tenerlo.

Si esto es así, la especulación en torno al sentido de lo trágico se complica; pero nunca se ha dicho que el problema fuera fácil. Cuál resultaría ser este sentido intrínseco, no coincidente con el del drama, es cuestión cuyo debate habrá de continuarse. Ya no residiría en la imposibilidad de conciliación, en el imperio de la necesidad, en la falta de futuro. Otras connotaciones más exactas habrían de sustituir a éstas. Entre tanto y aunque no agote todas las facetas de lo trágico, puede señalarse, creo, como signo revelador de la tragedia el de la problemática de la esperanza. La esperanza del desesperar y la desesperanza del esperar serán, entiendo yo, las que hallaremos en toda tragedia digna de tal nombre.

PLENITUD TRÁGICA DE GARCÍA LORCA

Y a ese indicio decisivo aludí antes, como columna vertebral del teatro lorquiano. Del teatro y de su autor, pues lo es de todo hombre. Lo sepa o no, todo hombre es trágico. Federico lo sabía bien y por eso escribió tragedias; no por el prurito estetizante que algunos le achacan. En poemas tan tempranos como el *Diálogo del Amargo* o la *Canción del Jinete* se expresa ya, con muy directas palabras, el desgarro desesperanzado que la angustia de la esperanza origina. Dícese, por ejemplo, en labios del Amargo:

¡Me da una desesperanza! ¡Ay ya ya yay!

El lo desea, pero intuye que nunca llegará a Granada. Y en la *Canción del Jinete,* reparemos en el sorprendente acento kafkiano de otro «Castillo» ansiado e inaccesible:

Aunque sepa los caminos
yo nunca llegaré a Córdoba.

Este anhelar y no obtener, agonía que acendrarán después sus farsas y sus grandes tragedias, acompaña año tras año al poeta y nos persuade de que estaba fatalmente vocado a escribirlas. Es su

congoja personal la que palpita bajo la multiplicidad de los asuntos. Jean-Paul Borel ha cifrado en
«el amor imposible» el final sentido del teatro
lorquiano: nada más exacto [28].

El lenguaje prodigioso, habla popular que, sin
perder su aire, se transforma en singular creación
poética; la talla de los personajes, son aspectos
que refrendan la consistencia trágica del postrer
teatro de Federico. El paso de la prosa al verso,
y aun al canto, en las escenas corales, cumple funciones reflexivas equivalentes a la de los antiguos
estásimos. Ni el coro de la tragedia ática ni estos
fragmentos de Lorca son meros adornos: si ciertos helenistas han acusado a algunos estásimos
corales de gratuidad, otros han sabido demostrarles
que no habían comprendido su engarce con el
tema y la estructura de la obra, y los reparos a
Lorca proceden de parejas incomprensiones. Pero
tales momentos erigen, además, la escala por donde la tragedia adensa su poesía y se aproxima a la
música, según la ley dinámica de todas las artes
que enunció Walter Pater. Música que aún encierra la almendra de un propósito final: el del
silencio o «música callada», que supera a toda
palabra. Es el silencio invocado en *La casa de Bernarda Alba* como la verdadera tragedia que va a
subsistir cuando la obra concluya y que no sólo
significa explícita represión social, sino, con ella,
la mudez infinitamente expresiva del dolor trágico
cuando los lamentos terminan. Esta vocación por
la poesía, la música y el silencio —el cual vuelve
a ser poesía y música inexorables—, puede osten-

tar en las tragedias formas definidas; mas no hay
razones válidas para achacar a la obra una menor
pureza trágica, o simplemente estética, cuando ello
sucede. Y el tópico que afirma la creciente perfección del teatro de Lorca a medida que abrevia sus
fragmentos líricos debe someterse a revisión;
pues si es cierto que, por razón natural, su teatro
fue creciendo en calidad, es torpe suponer que sus
momentos versificados carecieron de necesidad
dramática. No se entendieron así en los años le-
janos que nos trajeron la novedad de su teatro,
sino, por el contrario, como la recuperación de
una estructura escénica saturada de autenticidad y
largamente abandonada. Son las peculiares nece-
sidades expresivas de cada obra las que reclaman
o eluden esos lirismos, a los que sólo pueden til-
dar, en las obras que en ellos abundan, quienes,
por negarse de antemano a toda receptividad, per-
manezcan insensibles ante su poderoso efecto ca-
tártico.

Viva poesía desde la primera palabra al último
silencio, las obras de Federico trasladan a quien
las reciba sin prejuicios el sobrecogimiento de la
esperanza que desespera, signo de la tragedia. Presente en tantos de sus poemas, se potencia en los
encuentros y desencuentros de *Así que pasen cinco años,* en la catástrofe nupcial de *Bodas de sangre,* en el hijo que nunca llegará de *Yerma,* en el
hombre que nunca llegará de *La casa de Bernarda Alba.*

Y, con singularísimo acierto, en *Doña Rosita.*
Pues quizá no haya, en todo el teatro universal,

tan soberana glosa de la esperanza trágica como la que compendia, en el acto final, el sentido de esa obra. Junto al antiquísimo fragmento transcrito de *Prometeo* y el de Anouilh en su *Antígona,* este momento lorquiano completa el más significativo trío antológico que se pueda espigar en los textos trágicos acerca del magno problema.

El parlamento a que aludo tenía ya, en ciertos versos de *Mariana Pineda,* claro antecedente, revelador de la obsesión de Federico al respecto. Helo aquí:

> ¿Por qué no lo dijiste? Yo bien que lo sabía;
> pero nunca lo quise decir a mi esperanza.
> Ahora ya no me importa. Mi esperanza lo ha oído
> y se ha muerto mirando los ojos de mi Pedro.

Diez años después, doña Rosita vierte palabras, si muy semejantes, harto más desgarradoras y bellas:

> Yo lo sabía todo. Sabía que se había casado; ya se encargó un alma caritativa de decírmelo, y he estado recibiendo sus cartas con una ilusión llena de sollozos que aun a mí misma me asombraba. (...)
> Ya soy vieja. Ayer oí decir al Ama que todavía podía yo casarme. De ningún modo. No lo pienses. Ya perdí la esperanza de hacerlo con quien quise con toda mi sangre, con quien quise y... con quien quiero. Todo está acabado... y, sin embargo, con toda la ilusión perdida, me acuesto, y me levanto con el más terrible de los sentimientos, que es el sentimiento de tener la esperanza muerta. Quiero huir, quiero no ver, quiero quedarme serena, va-

cía... (¿es que no tiene derecho una pobre mujer a respirar con libertad?) Y, sin embargo, la esperanza me persigue, me ronda, me muerde; como un lobo moribundo que apretase sus dientes por última vez.

Declarar fallecida la esperanza y afirmar acto seguido que aún muerde porque sólo está moribunda es humana contradicción que revela, hasta por la profunda sinceridad de los leves desaliños y cacofonías del texto, la verdad de la esperanza trágica. Como nadie —literalmente, nadie— lo ha hecho. Sólo a un gran poeta trágico le podía estar reservada la certera expresión de esa ambivalencia fundamental.

PLENITUD SOCIAL

El contradictor tenaz alegará todavía que, si bien las obras de Lorca son grandes tragedias humanas, enmascaran los problemas sociales condicionantes de los conflictos individuales en ellas expuestos. Reiterará que, si Valle-Inclán sustituyó la forma trágica por el esperpento, lo hizo por percatarse de esa insuficiencia de lo trágico.

Afrontemos esa objeción, que nos sitúa ante un importante problema de la sociología de la literatura: el de la transparencia crítica de la obra literaria en relación con su eficacia crítica. Problema resuelto en principio, pues hace tiempo que se admite la normalidad literaria de la expresión oblicua de las cuestiones generales e incluso la

superior fuerza de la crítica indirecta que entraña.
Pero el temor de que tales modos implícitos difi-
culten la comprensión del panorama social es tan
grande que, en la práctica, se suelen aplaudir las
imágenes literarias que ahorran perplejidades y
dejan despejada la vía de la posible solución aplicable a los problemas descritos. Si se reconoce
que la explícita dialéctica social puede expresarse
mediante implícita poesía, el riesgo de confusión
que el complejo lenguaje del arte lleva siempre
consigo determina que muchos partidarios de la
responsabilidad social de éste acepten de mala
gana tal peculiaridad: sólo la razón ilumina nuestros problemas y también el arte debiera dirigirse,
con la mayor claridad posible, a la razón del público. De ahí la inclinación a la inequívoca alegoría
más que al multivalente simbolismo; la descon-
fianza ante los conflictos individuales por consi-
derarlos disfraces de los colectivos; la presunción,
en fin, de que la sátira de Valle es revolucionaria
y la tragedia de Lorca es burguesa.

Actitud socialmente sana, queda por saber si lo
es asimismo artísticamente. Pues también nuestra
razón nos obliga a comprender que el modo de
influir la obra de arte en el hombre no es sólo
racional, y que su directa llamada a nuestros fon-
dos más oscuros es, por lo menos, tan importante
como su apelación al raciocinio.

Las valoraciones estadísticas y los instrumentos
analíticos de estas formas de influjo, en suma confusas, pero enormemente activas, son aún, sin embargo, muy precarios. El profesor Borel me ha

hablado de ciertos cuestionarios ideados para explorar la influencia subliminal de la literatura. Un mismo repertorio de preguntas, sin relación directa con la obra a leer, le es sometido al sujeto de la experiencia antes y después de su lectura del texto elegido, para comparar e interpretar las leves o grandes diferencias de las dos respuestas a cada pregunta. El y yo comentamos que el método es pobre aún, pues no puede anular la memoria de las primeras respuestas ni la propensión a no variarlas al dar las segundas, y yo le sugerí que estas últimas al menos habrían de contestarse quizá bajo hipnosis, lo cual suscitaría, sin embargo, otros inconvenientes... Cuestión intrincada, como se ve, la de elucidar el *verdadero* influjo de la obra de arte en cada hombre. Pero el problema debe acometerse con rigor, y no mediante esquemas someros.

El sociólogo de la literatura sabe que sus especulaciones resultarán elementales, cuando no erróneas, al no poder sistematizar todavía esta inmensa zona de los dinamismos subconscientes. Pero, entre la resignación a un largo silencio provisional y la elaboración de hipótesis rudimentarias, no tiene más remedio que optar por lo segundo si quiere poner algún cimiento lógico a su ciencia incipiente. No se le oculta la inexactitud de los esquemas sociológicos así originados, que pueden y deben usarse, no obstante, como simples auxiliares del trabajo. Pero la legión de los simplificadores se apresura a hacerlos suyos y, abusivamente manejados, los convierte en verdades irrebatibles. A guisa de ejemplo citaré sólo uno de los más difundidos, pretendidamente dialéctico y de hecho fatalista. Es aquel que, dados los condicionamientos ideológicos de clase, deduce de ellos la imposibilidad de que un público burgués dispense su aquiescencia a una obra antiburguesa. Como la realidad lo ha desmentido a menudo, el esquema se retoca en cada caso: o bien la obra *parece* antiburguesa, pero no lo es, o bien, siéndolo, posee incentivos especiales por la oportunidad de su tema, por su escenificación, su interpretación... o su ingreso en las pálidas nóminas del clasicismo. Tales explicaciones andan lejos todavía, sin embargo, de una rigurosa valoración sociológica de las obras. Pues parten de suponer suficientemente claros los significados de éstas y asimismo clara, o al menos intuitivamente atinada, su comprensión por un público al que se atribuye lúcida y unánime conciencia clasista. De hecho, todos estos factores son harto más variables y opacos: la trama de significaciones de una obra mínimamente compleja es de difícil racionalización para el espectador corriente y el influjo de la obra a dos niveles —conciencia y subconciencia— quizá sea antitético en casi cualquier espectador, haciendo de cada uno de ellos dos hombres en contradicción y provocando finalmente en no pocos, no ya una conciencia, sino una «mala conciencia» de clase que les lleve a aprobar lo que ven, aun a regañadientes, para demostrarse a sí mismos su amplitud de criterio o porque una secreta confianza en el *status* social que apoyan les mueve a pensar que no va a tambalearse por lo que se vea en los escenarios. Creer que no nos gusta lo que hondamente nos aferra; aplaudir de buena fe algo sin notar que íntimamente nos desagrada, son reacciones habituales frente a la obra de arte, y no sólo en cuanto a su sentido social, sino ante sus formas estéticas.

Por ser tan delicado el análisis sociológico del arte y de los dinamismos psíquicos que induce, la agudeza que requiere —ausente por lo común de las toscas simplificaciones de nuestros días— ha faltado también ante las tragedias de Lorca. La acusación de inconsistencia social que han padecido no se debe a que fuesen oscuras, sino a esa exigencia desmedida de claridad sociológica nacida del temor a la confusión de ideas que puede motivar toda creación compleja. Por eso se declaran inequívocamente superiores aquellas otras que, como los esperpentos valleinclanescos, conjugan felizmente la nitidez crítica con una elevada calidad artística. Pero no siempre es más certera una visión sociológica más explícita, cuando de arte se trata, y si la aceptación que hoy recobran en el teatro ciertas alegorías satíricas —más simples y menos humanas, por supuesto, que los esperpentos de Valle— complace a los partidarios de un arte didáctico y al alcance de la mente más sencilla, también podría favorecer la proliferación de obras superficiales que, por serlo, resultasen inanes.

La paradoja del ataque sociológico sufrido por el teatro de Lorca es la de haber sido dirigido a obras que, lejos de ser confusas, eran notables ejemplos de arte social bien entendido, cuyo firme equilibrio entre la consciente denuncia que envolvían y la densa expresión del dolor de unos cuantos seres concretos descubría la mano de un autor nada indiferente al alcance social del teatro. Es oportuno al respecto recordar un inteligente ensayo del profesor español Francisco Olmos García, crítico literario de nota allende fronteras, cuyos enfoques ideológicos, definidamente antiburgueses, contemplan la dramática lorquiana de modo muy distinto al de sus detractores del interior. En su trabajo acerca de *García Lorca y el teatro clásico* [29] dice, entre otras finas observaciones:

> La tragedia de *Bodas de sangre* es la consecuencia del conflicto engendrado por la diferencia social de los protagonistas principales. Dos jóvenes..., «dos buenos capitales» contraen matrimonio. La novia quiso años atrás a otro hombre, Leonardo, pero rompió con él porque según el mismo Leonardo «dos bueyes y una mala choza son casi nada». (...) El carácter venal e hipócrita de ese matrimonio... (...) es lo que Lorca denuncia —en este caso concreto— al hablar de «morales viejas o equívocas».

El tema principal de este trabajo del profesor Olmos es el de la diferencia existente entre el dramaturgo Lorca, «ardiente apasionado del teatro de acción social», según palabras del mismo poeta, y los dramaturgos de los Siglos de Oro, a quienes, salvo pocas excepciones, «lo único que les importaba era asegurar la intangibilidad del orden existente». Tan fundamental discrepancia pone de manifiesto el carácter solamente superficial y formal de las huellas lopescas o calderonianas que se han advertido en el teatro de Federico.

En términos concretos —asevera Olmos García— en este aspecto podría decirse que el teatro del XVII es cómplice de la sociedad que lo inspira y sufraga. El teatro de Lorca es solidario de las víctimas de esa sociedad en el siglo XX.

A la observación transcrita acerca de *Bodas de sangre* se suman, en el mismo estudio, consideraciones parecidas e igualmente certeras ante *Mariana Pineda* y *Doña Rosita*. Y aunque, por la índole del trabajo, éste no se explaya en la significación de las restantes tragedias lorquianas, podemos nosotros reconocer en ellas la presencia de similares condicionamientos sociales no menos perceptibles. Con perfecta coherencia responden todas, en efecto, a aquella diáfana declaración del poeta invocada por Olmos y que dice literalmente:

El teatro es una escuela de llanto y risa y una tribuna libre donde los hombres pueden poner en evidencia morales viejas o equívocas y explicar con ejemplos vivos normas eternas del corazón y del sentimiento del hombre.

Es claro como el sol que las «morales viejas o equívocas» no sólo destruyen a los protagonistas de *Bodas de sangre,* sino a Yerma y a su esposo; a Bernarda, su madre y sus hijas; a doña Rosita.

Y quien no advierta en esas obras las notorias causas sociales de tales morales erróneas no es teatro lo que desea, sino catecismos sociológicos.

Pero, ¿qué es lo que, con muerte o sin ella, aplasta la sociedad en las tragedias lorquianas? Pues las «normas eternas del corazón y del sentimiento». Dicho de otro modo: aquel ansia de justicia, libertad, dignidad y realización personal por la que nos sentimos humanos y a la que la injusticia colectiva se opone resueltamente. Pese a quienes lo niegan, las obras de Federico prueban bien que la configuración trágica de la crítica social no desmerece de la esperpéntica.

Aún se arguye, sin embargo, que el esperpento, incluso cuando su exacerbación lo deshumanice, será forzosamente más apto que la tragedia para la crítica sociológica porque la inundación sentimental que anega a lo trágico y lo melodramatiza casi siempre, corroe nuestra capacidad reflexiva y nos oculta el verdadero rostro de los problemas. Examinemos finalmente esa imputación, que ha llegado a ser comodín de críticos severos por lo difícil que es encontrar una tragedia carente de notas melodramáticas. Melodrama es el despectivo epíteto que han sufrido hasta algunas obras de Esquilo o Shakespeare; puede comprenderse con cuánta facilidad se habrá lanzado contra las de Lorca. Y el melodrama, aunque sea social, no puede darnos una correcta visión crítica de la sociedad: su irrealidad profunda y su vulgar sentimentalismo se lo impiden. Lo que alza a la tragedia sobre su propio melodrama es, justamente, la profundidad de su filosofía implícita y la calidad de sus pasiones; admitamos de momento, no obstante, que el melodrama latente en lo trágico ofrezca en alguna medida los antedichos riesgos y concretémonos a averiguar si el esperpento, al menos en sus posibles degeneraciones, está tan libre como se asegura de tales peligros.

Un aspecto poco observado de la relación entre público y obra entraña, a mi ver, curiosas consecuencias melodramáticas no sólo para el esperpento, sino para la farsa y hasta para algunas de las obras atenidas a la más fría didáctica. Una tragedia podrá parecernos muy melodramática, pero como el nivel humano de sus personajes y el nuestro es el mismo, siempre es posible que sintamos la crítica que encierra como una crítica dirigida *a nosotros*. Al teatro esperpéntico y de sátira social acaso le falten ingredientes melodramáticos —pues, si bien los ostenta en ocasiones, lo hace con no disimulada ironía—, pero su relación con el público dibuja un inesperado melodrama: el de los «malos» —por pequeños y despreciables— que hay en escena, y los «buenos», que somos los espectadores. Seres afortunados cuya estatura excede en mucho a los menguados palmos de los fantoches satirizados, nos burlamos de sus mezquindades desde la superioridad que automáticamente nos confiere la índole del espectáculo. El problema que esto plantea es de gran envergadura: habría que estudiar despacio hasta qué punto cada una de esas obras satíricas inculca en el espectador la engañosa idea, adormecedora de toda limpia autocrítica, de que es un juez infalible y ajeno a las debilidades de los personajillos que contempla. Si esta consecuencia es lo bastante general, suscitará la siguiente paradoja: obras animadas por un propósito de crítica social paralizarán la autocrítica social de los espectadores, complacidos por la oportunidad que se les da de sentirse pequeños dioses ante los monigotes de cualquier compadre Fidel.

Aun si así acontece, piensan algunos que este error conviene a posteriores fines: hay que ver en la sociedad un tinglado desbaratable con un buen soplo y a los títeres por ella deformados como a despreciables insectos, para que el espectador acorde con los planteamientos críticos de la obra se considere un Cid imbatible. Esta reacción de superioridad frente a los personajes ridiculizados serviría para despertar una moral de combate, mientras que la identificación compasiva con los personajes trágicos la debilitaría. El esperpento sería, por tanto, revolucionario, y la tragedia, burguesa. El problema, empero, es más complicado, porque una estimación erróneamente empequeñecedora del adversario socio-político originará errores en el modo de combatirlo. La sobreestimación acrítica de nuestra personalidad frente a las ajenas, reales o de ficción, quizá suscite fugaces ardores beligerantes, mas no aquella firme eficacia que sólo el conocimiento y vigilancia de los defectos propios consolida.

Reconozcamos, pues, la salud social del esper-

pento de Valle —traumático para el espectador,
repitámoslo, por el trágico temblor que también
encierra—; pero sin obstinarnos en negar, al ser-
vicio de un prejuicio ideológico, las terribles de-
nuncias sociales que comporta la tragedia lorquiana.

INDICIOS DEL PRESENTE

Si la crítica social directa encuentra adecuados
cauces literarios en el expresionismo y la didáctica,
la irrenunciable visión poética de la realidad los
halla en el suprarrealismo. A los esperpentos de
Valle se les ha considerado ejemplos de expresionismo español; algunas de las primeras tentativas
dramáticas de Federico se inspiran en el suprarrealismo, cuya aventura —parcialmente aclima-
tada entre nosotros a través del ultraísmo— vivió
el poeta con su generación. Ninguno de los dos
estilos personales a que llegaron Valle y Lorca se
define por ambas corrientes, pero algo les quedó
a los dos escritores de su propensión medular. A
Valle, el sentido de lo grotesco; a Lorca, el sentido de lo mágico. Ganadora la fórmula esperpéntica de nuestra adhesión intelectual durante los
años últimos, el desvío ante la magia lorquiana era
inevitable. Mas he aquí que, en la literatura más
reciente, se ha recrudecido una magia suprarrealista que Federico habría aprobado. Sospechosa
de irracionalidad, híllanla también no pocos socialmente regresiva; pero, en su ruptura de for-

mas lógicas, advierten otros una crítica social más explosiva que ninguna otra. Si la didáctica invocaba en el teatro el magisterio de Brecht, las nuevas tendencias descubren el de Artaud. La pugna entre ambas corrientes es áspera: sus más radicales seguidores acúsanse mutuamente de reaccionarios. Lamentable guerra, que opone objetivos críticos muy semejantes y que los mayores creadores del teatro actual intentan superar mediante integradoras síntesis.

Desde su inclinación mágica, Lorca respondió al expresionismo de Valle-Inclán con un teatro trágico que también buscaba una síntesis superadora, no sólo de la mirada demiúrgica del esperpento, sino de la extrañeza suprarrealista. En ese sentido debemos entender, creo, ciertas palabras suyas que es obligado citar. En sus «Declaraciones sobre teatro», hechas a Felipe Morales en 1936, dice así:

> Yo en el teatro he seguido una trayectoria definida. Mis primeras comedias son irrepresentables. Ahora creo que una de ellas, *Así que pasen cinco años,* va a ser representada por el Club Anfistora. En estas comedias imposibles está mi verdadero propósito. Pero para demostrar una personalidad y tener derecho al respeto, he dado otras cosas.

La ingenuidad de tales palabras no le favorece enteramente. O no lo vio, o despreció el riesgo de que se interpretasen como la confesión de haber abandonado su auténtico camino para obtener la aprobación del público mediante obras insinceras.

Los críticos adversos al teatro lorquiano podrían apoyar sus acusaciones en esta declaración del poeta. También yo la creo desafortunada, mas no porque revele supuestas debilidades de conducta literaria, sino por no reflejar bien lo que su teatro significó para el propio Federico. Suponiendo que el periodista recogiese fielmente sus palabras, tal vez Lorca mostrase en ellas uno de esos momentos en que los escritores valoramos con severidad cuanto hemos hecho, al compararlo con lo que quisimos hacer. Pero cuando es un gran escritor quien así se manifiesta, su obra nos retira el derecho de considerar declaraciones de ese tipo como el reconocimiento de una dejación insincera. La trayectoria del teatro de Lorca, quien, en una anterior entrevista del año 1934, afirma verla «perfectamente clara» una vez escritas *Bodas de sangre* y *Yerma,* no transita de la autenticidad a la mentira, sino del atrevimiento a la madurez creadora. Si dio «otras cosas» para «tener derecho al respeto», también eran, como hemos visto, muy suyas. Lorca trasciende en ellas el suprarrealismo de *Así que pasen cinco años,* pero conserva la mágica luz interior que no dejará de guiarle.

En ese mismo sentido, muéstranse en el teatro del presente indicios sorprendentemente lorquianos. Sin abandonar la crítica social, las avanzadillas escénicas restablecen la extrañeza estética, la metáfora, la danza, la atmósfera sonora; bajo la impronta del *Living Theater,* de Grotowski, de Brook, Roy Hart, Lavelli y otros, los escenarios se pueblan de alaridos báquicos, de audaces ritmos corporales, de torsos desnudos y cabellos encrespados... Formas similares unas veces y distintas otras de las lorquianas, pero que coinciden con éstas en el resuelto propósito de recuperar la mirada «en pie». Todos esos personajes, orgiásticos y doloridos, en titánica torsión contra las ligaduras que coartan su ansia de liberaciones absolutas, podrán resultarle muy raros al buen burgués que los contempla, pero su dimensión vuelve a ser humana. Y si éste los halla tan desconcertantes es porque es su estatura la que se ha reducido. En su deseo de total renovación, los experimentos más osados entre los que se acaban de citar ni siquiera intentan una nueva tragedia, género demasiado saturado de cultura. Pretenden recobrar el arcaico estallido que la originó: el ditirambo. Pero, tarde o temprano, el ditirambo no puede conducirles a otra cosa que a la tragedia, pues el Dionisos que lo posee termina por comprender que, para ser realmente Dionisos, habrá de aunarse —y ése es el secreto de lo trágico— con la mesura apolínea [30]. Cuando ello suceda, Lorca los estará esperando como un antecedente inadvertido.

O, quizá, no tan inadvertido. En los escenarios de Madrid hemos visto esta temporada la oculta armonía que rige a aquellos dos callados adversarios que fueron don Ramón y Federico. *Luces de Bohemia* y *Yerma* convocaban con pareja fuerza a un mismo público juvenil. Pero *Yerma* era, además, espectáculo puesto en pie por un director de prestigio internacional cuyas concepciones se

hallan más próximas al movimiento dionisíaco de
nuestros días que al esperpéntico. Y no es casual
que, al asumir la dirección de esa obra, diese ya el
paso que conduce del ditirambo a la tragedia. Su
debatida escenificación habrá podido parecer, en
algunos aspectos, contraria a las normas trágicas
o a las lorquianas; yo veo en ella, sobre todas sus
felices invenciones, el reconocimiento de la vigencia de un excepcional texto trágico, respetado hasta la última coma. Pues a los grandes textos terminan por regresar hasta los supuestos destructo-
res de los textos [31].

Para concluir con estos indicios del presente me
referiré a un acontecimiento teatral español de
gran formato cuya difusión mayoritaria no ha sido,
por desgracia, permitida. El *Oratorio* del Teatro
Estudio de Lebrija, espectáculo celebrado en el
extranjero y aplaudido en España por quienes tu-
vimos el privilegio de verlo, era la creación popular de un grupo hispalense lleno de verdad
social y artística hasta en sus pequeñas imperfec-
ciones. Ignoro si se ha dicho, pero Federico estaba tras aquello. Realizado por sureños de corazón
gemelo al del poeta, el *Oratorio* parecía otra obra
lorquiana, donde tampoco faltaba, como en las del
inmortal granadino, la denuncia social, más explícita sin duda pero no más vigorosa; el hondo sentido trágico; el canto y la música dolorosa de la
región; las ceremonias corales. Y en todo momento, la shakespeariana mirada «en pie»: la
patética identificación de cada uno de nosotros
con aquellas criaturas laceradas, con aquellos atro-

pellos y muertes, no sufridos por las marionetas del bululú galaico, sino por hombres iguales a quienes los mirábamos. Estábamos, sin embargo, ante una de las sátiras sociales más revulsivas que se hayan podido presentar en nuestra escena, y así lo ha dicho la crítica más atenta a la responsabilidad sociológica del teatro.

Si Brecht y Artaud son armonizables, aún más lo son Valle-Inclán y García Lorca, bastante más cercanos de lo que tal vez creyeron ellos mismos. Si Federico opuso la mirada «en pie» y la tragedia a la mirada demiúrgica y al esperpento, ya en éste había mirada «en pie» y tragedia. Tal es la melancólica, provechosa lección aplicable a ciertas incomprensiones actuales, favorables al primero y adversas al segundo, que me ha parecido encontrar en las grandes obras de Federico García Lorca, *Miércoles de Ceniza* no menos precioso para el futuro de nuestro teatro que el formidable *Martes de Carnaval* logrado por don Ramón María del Valle-Inclán.

FEDERICO ENTRE NOSOTROS

Mis preguntas a la obra de Federico, en relación con el tema hoy candente del esperpento, acaban aquí, pero su teatro no termina cuando yo termino: continúa vivo porque trajo vida a nuestra escena. Y vida es, también, lo que desearíamos seguir viendo cuando recordamos a su autor. En el teatro de este salón quisiera atreverme, como en las tragedias de Shakespeare y para que el reparto de la representación se complete, a la invocación de un espectro. Y al pasar mis ojos por el severo conjunto de vuestras presencias, imagino entre ellas la de un hombre de setenta y tres años, de mirada aún joven, cuyo indumento apenas corrige su aire entre desenfadado y tímido. Lo veo entre vosotros porque, de algún modo, aquí se encuentra; ha llegado a su vejez armoniosa, ha regalado a España mucha otra poesía y teatro; sus amigos presentes lo miran de tanto en tanto y acarician el recuerdo de aquellas lejanas contiendas, incruentas y bellas, que a él y a otros poetas coetáneos depararon, años después, la subida a este estrado. Y él, con sonrisa ya serena y todavía infantil, se dispone a recibir a su vieja prometida la muerte, que ya nada esencial le robará cuando quiera arrebatarlo. Sí: parece hallarse aquí, sonriendo a todos, y acaso más tarde comente en la biblioteca, con su andaluz gracejo, la castellana sequedad de mis palabras…

Pero no es más que un espectro. Lo que pudo y debió ser, no será. Perdonad si he pretendido suscitar ese amable fantasma; tened por cierto que no he buscado ningún morboso efecto escénico al intentarlo. Pero yo, pobre autor de teatro a quien el azar respetó la vida, no puedo incorporarme al puesto que me habéis discernido sin expresar la angustia de esa ausencia y el dolorido anhelo de que, precediéndome, se sentase entre vosotros esa sombra imposible.

Muchas gracias.

De rodillas, en pie, en el aire

[1]   *ABC*, 7 de diciembre de 1928, Madrid.
[2]   Gonzalo Torrente Ballester: «Historia y actualidad en dos piezas de Valle-Inclán». *Insula*. Números 176-177, 1961, Madrid.
[3]   Guillermo de Torre: *La difícil universalidad española*. Gredos, 1965, Madrid.

El espejo de «Las Meninas»

[1]   Antonio Palomino: *El Museo Pictórico y Escala Optica*. Madrid, 1715-1724. Aguilar, 1947, Madrid.
[2]   Carl Justi: *Velázquez y su siglo*. Traducción del alemán por Pedro Marrades. Espasa-Calpe, 1953, Madrid.

[3] F. J. Sánchez Cantón: *Las Meninas y sus personajes*. Editorial Juventud, 1943, Barcelona.

[4] M. Foucault: *Les mots et les choses*. Gallimard, 1966, París.

[5] *Ob. cit.* tomo III: *El Parnaso Español Pintoresco Laureado*.

[6] *Varia velazqueña*. Tomo II. Ministerio de Educación Nacional, 1960, Madrid.

[7] Ramiro Moya: «El trazado regulador y la perspectiva en 'Las Meninas'». *Arquitectura*, núm. 25. Enero de 1961, Madrid.

[8] H. Wölfflin: *Conceptos fundamentales en la Historia del Arte*. Biblioteca de Ideas del Siglo Veinte, Madrid.

[9] E. Orozco Díaz: *Un aspecto del barroquismo de Velázquez. Varia velazqueña,* tomo I. 1960, Madrid.

[10] J. Ortega y Gasset: *Velázquez*. Edic. de Revista de Occidente, 1959, Madrid.

[11] A. de Beruete y Moret: *La paleta de Velázquez,* 1922, Madrid.

[12] Sobre estos significativos aspectos de su vida y su carácter, véase: E. Orozco Díaz, art. cit. *Varia velazqueña,* tomo I, y P. Garagorri: *El estilo vital de Velázquez.* Cuadernos, núm. 46, enero-febrero 1961, París.

[13] J. A. Maravall: *Velázquez y el espíritu de la modernidad.* Guadarrama, 1960, Madrid.

GARCÍA LORCA ANTE EL ESPERPENTO

[1] *Bibliografía de A. Rodríguez-Moñino*. Castalia, 1965, Madrid.

[2] Dámaso Alonso: *Del Siglo de Oro a este siglo de siglas.* Gredos, 1962, Madrid.

[3] Castalia, 1965, Madrid.

[4] *Insula,* núm. 287, octubre de 1970, Madrid.

5   Eusebio García Luengo: «Revisión del teatro de Federico García Lorca». *Cuadernos de Política y Literatura,* número 3, 1951, Madrid.

6   *Primer Acto,* núm. 4, octubre de 1957, Madrid.

7   Domingo Pérez Minik: *Teatro europeo contemporáneo.* Guadarrama, 1961, Madrid.

8   Angel Fernández Santos: «La vuelta de García Lorca». *Primer Acto,* núm. 50, febrero de 1963, Madrid.

9   José Monleón: «'Bodas de sangre', de Federico García Lorca». *Primer Acto,* núm. 52, mayo de 1964, Madrid.

10   *Le théâtre moderne. Hommes et tendances.* C.N.R.S., 1958, París. Citado por Francisco Ruiz Ramón, *Historia del teatro español (2). Siglo XX.* Alianza Editorial, 1971, Madrid.

11   «Una entrevista de Joaquín Jordá con Arturo Adamov». *Primer Acto,* núm. 33, abril de 1962, Madrid.

12   «Adamov. Entrevista con Ricardo Salvat». *La Carreta,* núm. 6, junio-julio de 1962, Barcelona.

13   *ABC,* 7 de diciembre de 1928, Madrid.

14   Antonio Buero Vallejo: «De rodillas, en pie, en el aire». *Revista de Occidente,* números 44 y 45, noviembre-diciembre de 1966, Madrid. Incluido en el presente volumen.

15   Agradezco mucho a Arturo del Hoyo —a quien debemos la más cuidada edición hoy existente de las *Obras Completas* de Federico García Lorca (Aguilar, Madrid) y el acopio de preciosas noticias en sus reediciones sucesivas— la referencia y texto de las dos importantes declaraciones del poeta que a continuación se transcriben.

16   *La Libertad,* 13 de octubre de 1927, Madrid.

17   *La Mañana,* agosto de 1933, León. Citada por Marcelle Auclair, *Enfances et mort de García Lorca.* Seuil, 1968, París.

18   Guillermo de Torre: *Tríptico del sacrificio.* Losada, 1948, Buenos Aires.

19   Véanse, por ejemplo, mis siguientes trabajos: «La Tragedia» (en *El Teatro. Enciclopedia del arte escénico,*

dirigida por Guillermo Díaz-Plaja, Noguer, 1958, Barcelona), «Sobre Teatro». *Cuadernos de Agora,* números
79-82, mayo-agosto de 1963, Madrid, y «Sobre la Tragedia». *Entretiens sur les Lettres et les Arts.,* núm. 22,
Subervie Editeur, 1963, Rodez.

[20]   J. W. Goethe: *Obras Completas.* Aguilar, 1957,
Madrid, trad. de Rafael Cansinos Asséns.

[21]   Karl Jaspers: *Über das Tragische.* R. Piper & Co.
Verlag, 1952, München. Cito por la edición castellana:
Esencia y formas de lo trágico. Sur, 1960, Buenos Aires,
trad. de N. Silvetti Paz.

[22]   Albin Lesky: *Die griechische Tragödie.* Alfred
Kröner Verlag, Stuttgart. Cito por la edición castellana:
La tragedia griega. Labor, 1966, Barcelona, trad. de José
Alsina.

[23]   Lucien Goldmann: *Le dieu caché.* Gallimard,
1955, París. Cito por la edición castellana: *El hombre
y lo absoluto.* Ediciones Península, 1968, Barcelona, trad.
de Juan Ramón Capella.

[24]   Escrito ya este discurso he podido leer el original,
pendiente de publicación, del libro titulado *El teatro de
Buero Vallejo (Una meditación española),* cuyo autor es
Ricardo Doménech. Me complace dejar constancia de que,
sin haber comentado conmigo el libro de Goldmann y sin
conocer lo que aquí digo de él, Doménech objeta por
razones similares a las mías la noción de tragedia como
imposibilidad de conciliación y carencia de futuro que se
desarrolla en *Le dieu caché.*

[25]   Pedro Laín Entralgo: *La espera y la esperanza.*
Edic. de Revista de Occidente, 1957, Madrid.

[26]   *Teatro Griego.* E.D.A.F., 1962, Madrid. Trad. de
Prometeo encadenado: Fernando Segundo Brieva y Sal-
vatierra.

[27]   Jean Anouilh: *Nouvelles pièces noires.* Cito por la
edición castellana: *Nuevas piezas negras.* Losada, 1956,
Buenos Aires, trad. de Aurora Bernárdez.

[28]   Jean-Paul Borel: *Théâtre de l'impossible.* A la
Baconnière, 1963, Neuchâtel.

[29] Francisco Olmos García: «García Lorca y el teatro clásico». *Les Langues Néo-Latines,* núm. 153, mayo de 1960, París.

[30] Según la muy conocida y aguda fórmula dada por Nietzsche en *El origen de la tragedia.*

[31] Me satisface comprobar que en el citado libro inédito de Doménech (nota 24) se apuntan presunciones semejantes con motivo de la reposición de *Yerma,* escenificada por Víctor García.

Indice